TEMPO E ATO NA PERVERSÃO

CONSELHO EDITORIAL
André Luiz V. da Costa e Silva
Cecilia Consolo
Dijon De Moraes
Jarbas Vargas Nascimento
Luís Augusto Barbosa Cortez
Marco Aurélio Cremasco
Rogerio Lerner

Blucher

TEMPO E ATO NA PERVERSÃO

Ensaios psicanalíticos I

Flávio Ferraz

3ª edição
Revista e ampliada

Tempo e ato na perversão: ensaios psicanalíticos I, 3ª edição
© 2023 Flávio Ferraz
1ª edição – Casa do Psicólogo, 2005
2ª edição – Casa do Psicólogo, 2010
3ª edição – Blucher, 2023
Editora Edgard Blücher Ltda.

SÉRIE PSICANÁLISE CONTEMPORÂNEA
Coordenador da série Flávio Ferraz
Publisher Edgard Blücher
Editores Eduardo Blücher e Jonatas Eliakim
Coordenação editorial Andressa Lira
Produção editorial Ariana Corrêa
Preparação de texto Bárbara Waida
Diagramação Negrito Produção Editorial
Revisão de texto Ana Maria Fiorini
Capa Laércio Flenic
Imagem da capa iStockphoto

Blucher

Rua Pedroso Alvarenga, 1245, 4º andar
04531-934 – São Paulo – SP – Brasil
Tel.: 55 11 3078-5366
contato@blucher.com.br
www.blucher.com.br

Segundo o Novo Acordo Ortográfico, conforme 6. ed. do *Vocabulário Ortográfico da Língua Portuguesa*, Academia Brasileira de Letras, julho de 2021.
É proibida a reprodução total ou parcial por quaisquer meios sem autorização escrita da editora.

Todos os direitos reservados pela Editora Edgard Blücher Ltda.

Dados Internacionais de Catalogação na Publicação (CIP)
Angélica Ilacqua CRB-8/7057

Ferraz, Flávio
  Tempo e ato na perversão : ensaios psicanalíticos I / Flávio Ferraz. – 3. ed. – São Paulo : Blucher, 2023.
  146 p. (Série Psicanálise Contemporânea / coord. de Flávio Ferraz)

  Bibliografia
  ISBN 978-85-212-2203-3

  1. Psicanálise 2. Perversões sexuais 3. Sexo (Psicologia) I. Título II. Ferraz, Flávio III. Série.

23-4916   CDD 150.195

Índice para catálogo sistemático:
1. Psicanálise

Conteúdo

Apresentação 7

Prefácio 11
   Sidnei José Casetto

1. Do desvio sexual à perversão de transferência 17
2. A recusa do tempo 51
3. "Gnosticismo" perverso e "religião" obsessiva: considerações sobre o estatuto do ato 73
4. As montagens perversas como defesa contra a psicose 103
5. Sacher-Masoch, *A Vênus das peles* e o masoquismo 113

Posfácio 125
   Rubens M. Volich

Apresentação

A perversão tem sido objeto de estudo para mim desde o trabalho de pós-doutoramento,[1] finalizado em 2001, do qual resultou o livro *Perversão*.[2] O tema desse livro foi particularmente o conceito mesmo de perversão na teoria psicanalítica, visto desde Freud até autores pós-freudianos que se voltaram a esse tema, como Robert J. Stoller, Janine Chasseguet-Smirgel, Joyce McDougall, M. Masud R. Khan, Hugo Bleichmar e Otto F. Kernberg.

No presente livro,[3] busquei complementar algumas questões, a meu ver essenciais, que haviam ficado de fora do primeiro trabalho. Freud definiu a perversão a partir de seu eixo sintomatológico,

---

1 Este trabalho de pós-doutoramento, intitulado "Matizes da clínica psicanalítica: a questão da perversão", foi realizado no Núcleo de Psicanálise do Programa de Estudos Pós-Graduados em Psicologia Clínica da Pontifícia Universidade Católica de São Paulo (PUC-SP), sob a supervisão do prof. dr. Renato Mezan, com apoio da Fundação de Amparo à Pesquisa do Estado de São Paulo (Fapesp).
2 Publicado inicialmente pela Editora Casa do Psicólogo, em 2000; em 2017, teve a 7ª edição publicada pela Pearson Clinical Brasil.
3 Publicado incialmente em 2005 pela Editora Casa do Psicólogo, com 2ª edição

representado pelas perversões sexuais. Entretanto, a psicanálise, seja na corrente inglesa, seja na francesa, desenvolveu um outro eixo de definição da perversão – o eixo propriamente clínico, eu diria –, que foi a exploração da modalidade de transferência que os pacientes perversos estabelecem na situação analítica, com todas as dificuldades e impasses dela resultantes para a análise e para o analista.

Pois bem, esse caminho que vai do eixo sintomatológico ao transferencial é objeto do primeiro capítulo deste livro, que se encerra com uma vinheta clínica – "caso Júlio" –, por meio da qual procurei demonstrar como se dá efetivamente a chamada "perversão de transferência", expressão utilizada por Donald Meltzer, numa analogia com a "neurose de transferência" freudiana, para falar desse modo particular e complexo de transferência específico da perversão.

No segundo capítulo, discuto uma particularidade do mecanismo da recusa (*Verleugnung*), que é a "recusa do tempo" na perversão. O conceito de recusa surgiu, em Freud, atrelado à questão da castração. Da "recusa da castração", no entanto, passou-se muitas vezes a se falar, de modo mais genérico, em "recusa da realidade". Pois bem, levando em conta a importância da recusa à temporalidade na problemática perversa, por um lado, e, por outro, a participação essencial do fator tempo na composição da realidade – verificada, por exemplo, no acesso ao processo secundário –, propus uma discussão sobre a recusa do tempo de um modo geral. Defendo a ideia de que essa recusa do tempo transcende a problemática perversa, abrangendo o autismo, as formações *borderline*, certas modalidades de ansiedade e até mesmo a chamada "normalidade", em especial a contemporânea.

---

pela mesma editora em 2010, ganha agora esta 3ª edição pela Editora Blucher com o acréscimo dos dois últimos capítulos.

No terceiro capítulo, explorei a questão do *acting out* na perversão, por meio de uma comparação sistematizada desta com a neurose obsessiva. Se em ambas as formações as ações se fazem necessárias, tentei discutir a diferença estrutural que existe entre elas. Na perversão, o ato é aquilo que, em psicanálise, se chamou, com propriedade, de *acting out*, uma forma de ato que, sendo basicamente uma descarga, não comporta nenhuma dimensão simbólica. Na neurose obsessiva, ao contrário, a ação se reveste de um simbolismo que em tudo se estrutura propriamente como sintoma neurótico, no sentido estrito. A partir dessa comparação se evidencia como as formações psicopatológicas decorrentes do recalcamento se diferenciam daquelas decorrentes da recusa, exigindo cada uma delas uma abordagem clínica distinta e apropriada.

No quarto capítulo, desenvolvi uma questão relevante para a clínica da perversão e da psicose, que é uma espécie de continuidade entre ambas as formações psíquicas. O trabalho de Freud e de seus sucessores sobre a perversão caminhou no sentido de sua compreensão como uma defesa contra a psicose. Lembremos que a primeira ideia de Freud sobre a perversão se deu por meio de sua articulação com a neurose, bastante conhecida na sentença "a neurose é o negativo da perversão". Mas a relação da perversão com a psicose é que foi realçada a partir de seu artigo de 1927 sobre o fetichismo. Levando em conta a noção de "montagens perversas", presente tanto em Stoller como em McDougall, procurei mostrar de que modo elas funcionam como mecanismo defensivo contra a angústia psicótica, e como podem, na psicose, sinalizar um certo princípio de organização.

O quinto capítulo, finalmente, foi escrito a convite da Editora Hedra, por meio de Bruno Costa, como estudo introdutório à edição brasileira do romance *A Vênus das peles*, de Leopold von Sacher-Masoch, publicado em 1870. Foi do nome deste autor que Krafft-Ebing retirou o termo *masoquismo*, para incluí-lo em seu célebre "catálogo" de perversões sexuais – o livro *Psychopathia sexualis*, publicado em Viena no ano de 1886, ao qual Freud se referiu nos "Três ensaios sobre a teoria da sexualidade".

Na empreitada que foi a elaboração dessas ideias e a subsequente escrita, recebi o apoio constante dos amigos Decio Gurfinkel e José Carlos Garcia, aos quais agradeço pela disponibilidade para a interlocução e pela leitura atenta e crítica do texto original. Agradeço igualmente a Sidnei José Casetto, pelo prefácio, e a Rubens M. Volich, pelo posfácio.

Prefácio

Sidnei José Casetto

> *Quando observo que tudo quanto cresce*
> *Desfruta da perfeição de um só momento,*
> *Que neste palco imenso se obedece*
> *A secreta influição do firmamento;*
> *Quando percebo que ao homem, como à planta,*
> *Esmaga o mesmo céu que lhe deu glória,*
> *Que se ergue em seiva e, no ápice, aquebranta*
> *E um dia enfim se apaga da memória:*
> *Esse conceito da inconstante sina*
> *Mais jovem faz-te ao meu olhar agora,*
> *Quando o Tempo se alia com a Ruína*
> *Para tornar em noite a tua aurora.*
> *E crua guerra contra o Tempo enfrento,*
> *Pois tudo que te toma eu te acrescento.*
>
> William Shakespeare[1]

---

1 Shakeaspeare, W. (2015). Soneto XV. In W. Shakeaspeare, *50 sonetos* (p. 15, I. Barroso, Trad.). Nova Fronteira.

No final de *Perversão*,[2] livro a que este dá continuidade, Flávio Ferraz retomava a posição de Masud Khan, para quem, na perversão, seria possível reconhecer "rudimentos de potencialidade criativa e simbólica", suscetíveis de serem aproveitados em análise na conquista de uma maior integração egoica. Assim, apesar dos grandes riscos da empreitada psicanalítica com esse quadro clínico, Ferraz defendia o seu enfrentamento menos por indicações técnicas do que por uma disposição ética. Naquele momento, a afirmação era pelo fazer, mesmo que os apoios não fossem tantos. O trabalho que o leitor tem agora em mãos procura trazer elementos adicionais de inteligência e sensibilidade para essa difícil clínica.

Trata-se, então, de aceitar o desafio do perverso? Sim, mas no sentido de perceber nele um sintoma da transferência. O livro começa, portanto, discutindo características transferenciais da perversão, ou, para ser mais exato, mostrando como a teoria psicanalítica sobre o tema desenvolveu-se principalmente na direção de discernir uma especificidade da transferência dessa configuração psíquica. Recapitulando autores kleinianos (Donald Meltzer, Beth Joseph) e lacanianos (Jean Clavreul, Guy Rosolato), Ferraz mostra que essas escolas têm, curiosamente, visões convergentes quanto a isso. Tornou-se possível, daí, falar em uma "perversão de transferência" (Donald Meltzer, Horacio Etchegoyen), ou seja, de uma patologia estabelecida no campo terapêutico, ameaça ao seu propósito, mas também oportunidade para análise e elaboração.

A perversão, portanto, não se definiria somente pela sua sintomatologia. Mas seria possível abdicar completamente desta, e com isso evitar o incômodo critério de "desvio sexual" com que se classificam os sintomas da perversão? Tal questão organiza a primeira parte do texto, mostrando as armadilhas envolvidas em cada uma

---

2 Ferraz, F. C. (2000). *Perversão*. Casa do Psicólogo.

das respostas possíveis: a psiquiatrização da terapêutica na ênfase excessiva aos sintomas ou a *recusa* a dar atenção a eles, com efeitos potencialmente traumáticos para o paciente, em função do não reconhecimento de sua narrativa. A saída para a qual Ferraz aponta permite equacionar esses dois fatores, como se verá na discussão de uma sessão de Júlio, paciente do autor.

A *recusa* (*Verleugnung*), mecanismo que havia sido objeto de análise no livro anterior, é retomada no segundo capítulo deste, mas agora para o aprofundamento de uma particularidade sua que é a recusa do tempo, de incidência importante na perversão. Como é possível recusar o tempo? Referenciado sobretudo nos trabalhos de Georges Lanteri-Laura e Janine Chasseguet-Smirgel, o texto apresenta diversas maneiras de se fazer isso, mas mostra também que se trata de um recurso de importância constitutiva para o psiquismo, cuja ocorrência é bem-vinda em certo momento, embora tornando-se um dispositivo patológico se prolongada a sua ação. Neste caso, participaria de diversas configurações psicopatológicas, como da psicose, do autismo, dos transtornos *borderline*, além da própria perversão.

Ferraz recorre a Kant para discutir os efeitos da recusa do tempo na operação dos processos psíquicos secundários, como o princípio de realidade. Compreende-se, com a exposição, como o impacto dessa recusa não se restringirá ao funcionamento deste princípio, chegando mesmo a atingir a sua estrutura. Ora, sabemos que Freud fez restrições à teoria kantiana de que o espaço e o tempo eram formas *a priori* de nossa sensibilidade, ou seja, condições necessárias para a percepção, argumentando que o inconsciente não se estruturava segundo tais referentes, prescindindo deles. Mas descobrimos neste *Tempo e ato* que a filosofia kantiana pode ser útil para entendermos processos pré-conscientes/egoicos, pelo contraste com os prejuízos encontrados na perversão.

Não que o conflito com o tempo seja assunto resolvido na neurose, posto que a inconformidade com a sua ação, o sofrimento pela espera e o horror pelos seus efeitos sobre os corpos e sobre a vitalidade parecem só crescer e espalhar-se em nossa época: a aceitação de sua ação castradora é sempre difícil. Entretanto, a sua ausência parece ser ainda pior. No mito grego, foi Cronos quem castrou Urano, o céu, cujo coito ininterrupto com Gaia, a terra, impedia que os filhos engendrados em seu ventre pudessem vir à luz. Separados céu e terra, abriu-se o espaço necessário para o nascimento, e daí para a sucessão das gerações; na ausência do tempo, esta parece ser a ideia, a vida não consegue desenvolver-se. No conto "O imortal", de Jorge Luís Borges, os humanos que tinham encontrado o elixir da longevidade foram gradativamente paralisando-se, sem motivo para qualquer ação ou movimento.

De todo modo, as divindades servem de contraponto às angústias que sentimos diante dos limites humanos; elas são o positivo daquilo que em nós aparece como negatividade (falhas, impossibilidades). No terceiro capítulo, Ferraz compara a perversão com a neurose obsessiva, fazendo-lhes um paralelo com as religiões. Foi Freud quem deu a pista, ao comparar a neurose obsessiva a uma religião privada. Guy Rosolato e Janine Chasseguet-Smirgel seguiram o caminho, associando a perversão a um tipo de religião diferente das clássicas, ritualizadas, como o antigo gnosticismo. As diferenças entre esses dois tipos são mostradas pelo que acenam seja em relação ao saber (aliás, a tentação fundamental de Adão), seja em relação ao fazer (o que se pode permitir um homem).

A posição perversa, como a gnóstica, parece crer na possibilidade de deter um saber exclusivo, bem como na de ter acesso a um poder especial. Em contraste, os atos obsessivos, como a experiência mística numa religião ritualizada, não se caracterizam por privilégios nem facilidades; ao contrário, parecem apresentar-se como o mais difícil dos caminhos (também como em "Se eu quiser falar com Deus", de Gilberto Gil). Num caso, portanto, tem-se a exceção à regra e a promessa de realização; no outro, o império da lei e a falta de garantias. Eis as balizas que serão usadas para que o autor discuta o estatuto do ato perverso comparado ao ritual obsessivo, mostrando a sua diferença metapsicológica.

É curioso que este livro tenha se seguido a *Normopatia: sobreadaptação e pseudonormalidade*,[3] na sequência de trabalhos publicados do autor. Nada parece mais distante, se tomados no eixo sintomatológico, do que esses dois modos de funcionamento psíquico. E, no entanto, ambos têm em comum o fato de serem arranjos não neuróticos, aos quais Ferraz tem se dedicado. "Tijolo por tijolo", sua contribuição vem se fazendo, articulando-se às de outros autores, num esforço que é o típico da ciência: sem revelações salvadoras, não nos mostra como curar patologias de forma instantânea, mas faz diferença para quem se dedica a tratar dessa forma particular de sofrimento humano (o avesso da normopatia) vinculado à ilusão de ser um caso especial de toda a humanidade.

---

3 Ferraz, F. C. (2002). *Normopatia: sobreadaptação e pseudonormalidade*. Casa do Psicólogo.

1. Do desvio sexual à perversão de transferência[1]

Eixos de descrição da perversão: o sintomatológico e o transferencial

A figura da perversão tem sido caracterizada na literatura psicanalítica por meio de dois eixos distintos, mas articulados clínica e metapsicologicamente. Esses eixos se encontram presentes tanto na vertente inglesa da psicanálise como na vertente francesa de inspiração lacaniana, ainda que descritos a partir de um referencial teórico e de um vocabulário conceitual diferentes, como não poderia deixar de ser. O primeiro poderíamos chamar de eixo *sintomatológico*, e o segundo, de eixo *transferencial*.

Meu objetivo aqui é definir cada um deles, discutindo o modo como estão presentes nas duas vertentes da psicanálise e o peso

---

[1] A primeira parte deste texto foi publicada originalmente na revista *Percurso*, XVII(36), 53-62, 2006; o texto integral foi publicado no livro *O sintoma e suas faces*, organizado por Lucía Barbero Fuks e Flávio Ferraz (Escuta/Fapesp, 2006, pp. 197-226).

que adquirem em cada uma delas. A pergunta que motiva esta investigação é: até que ponto esses eixos podem coexistir em uma dada definição de perversão? Ou seja: se definirmos a perversão com maior ênfase em um deles, chegaremos à mesma figura conceitual a que chegaríamos se enfatizássemos o outro eixo? Seria possível que, ao assumir um desses eixos como central, acabássemos por definir uma figura conceitual em que a presença do outro fosse cabível?

O primeiro dos eixos – mais antigo, ou mesmo original – está presente na definição freudiana da perversão, cujas linhas básicas já estavam claramente traçadas em 1905, nos "Três ensaios sobre a teoria da sexualidade", e foram reiteradas na conferência XXI das *Conferências introdutórias sobre psicanálise* ("O desenvolvimento da libido e as organizações sexuais"), em 1917. A perversão é aí concebida, para dizer de modo sintético, como um *desvio sexual*.

Mesmo considerando que a abordagem feita por Freud é francamente crítica à sexologia do século XIX, esse modelo ainda marca seu vocabulário e define o recorte que ele faz do fenômeno; o próprio termo "perversão" foi dela retirado.[2] A perversão traz, assim, a rubrica das "aberrações" e da "inversão" sexuais, cuja causa repousaria em uma fixação infantil num estágio pré-genital da organização libidinal,[3] que impede as diversas correntes da

---

[2] Em outras oportunidades, tracei um histórico detalhado da concepção de perversão na obra de Freud, indicando inclusive as fontes precedentes na sexologia do século XIX e a história do emprego do próprio termo "perversão". Ver o artigo "Uma breve revisão da noção de perversão na obra de Freud" (Ferraz, 2000b) e o livro *Perversão* (Ferraz, 2000a), particularmente os capítulos 1 ("Considerações iniciais") e 2 ("A perversão na obra de Freud").

[3] É bem verdade que, de acordo com o modo como se lê a obra de Freud, essa "fixação infantil" pode ser encarada como uma vicissitude transferencial "constitutiva", que antecipa, em sua obra, o ponto de vista posterior que dará ênfase ao que aqui chamo de "eixo transferencial" da definição de perversão. Agradeço a José Carlos Garcia por este comentário, em comunicação pessoal.

sexualidade de se aglutinarem sob o eixo ordenador da genitalidade. Freud assenta sua compreensão sobre uma base comparativa entre neurose e perversão, formulando o conhecido axioma em que a primeira será vista como uma espécie de "negativo" da segunda.

Posteriormente, a compreensão da perversão vai ganhando um refinamento metapsicológico. Primeiramente, nos anos iniciais da década de 1920, quando entra em cena a teoria estrutural do complexo de Édipo, a perversão pode ser vista como decorrente do mecanismo da recusa (*Verleugnung*), numa saída para o conflito edípico contraposta à dissolução deste pela via do recalcamento (*Verdrängung*), que, por seu turno, assinala a formação neurótica. Mais tarde, com o desvendamento da lógica do fetichismo (Freud, 1927/1980), a recusa articula-se à consequente dissociação (*Spaltung*) do ego, esclarecendo a atitude ambígua do sujeito da perversão diante da realidade da castração.

Entretanto, isso não muda em essência o eixo freudiano da definição de perversão, que permanece sendo o sintomatológico; a abordagem do fenômeno pela via do fetichismo retoma, ainda que em outras bases, o problema do desvio sexual que se colocava em primeiro plano nos "Três ensaios". É evidente, contudo, que a postulação ulterior dos mecanismos da recusa e da dissociação tenha aberto o caminho para uma outra forma de abordagem do fenômeno, que veremos adiante.

Antes, porém, importa-nos registrar que a definição da perversão pela sintomatologia ("desvios" sexuais) guarda exatamente a mesma lógica presente na definição da neurose ou da psicose por seus sintomas (conversões, obsessões e medos, nas neuroses, ou delírios e alucinações, nas psicoses). Afinal, como se poderia postular uma categoria psicopatológica desprezando toda e qualquer exigência fenomenológica?

Muitos dos autores – inclusive contemporâneos – que viriam a trabalhar sobre o campo da perversão não deixaram de levar em conta o sintoma expresso do paciente, mesmo compreendendo o "desvio sexual" sobre outras bases morais ou psicopatológicas.[4] É assim que faz, por exemplo, Joyce McDougall (1992, 1997), ainda que prefira o termo *neo-sexualidade*, de sua lavra, à palavra *perversão*. O problema do *desvio sexual*, contudo, não deixa de estar presente como elemento central da definição, apesar das nuances por ela enfatizadas.[5]

O segundo eixo presente na definição de perversão, o qual chamei de *transferencial*, resulta dos desdobramentos do conceito de "transferência" tanto na escola kleiniana como na lacaniana. A importância assumida por esse eixo tem, portanto, uma dupla determinação na história do movimento psicanalítico. Na escola kleiniana, ela se deve à centralidade assumida pela transferência no trabalho clínico, tornando-se o objeto mesmo da interpretação psicanalítica. Na escola lacaniana, o chamado "diagnóstico estrutural", como veremos, assenta-se sobre a modalidade da transferência estabelecida pelo paciente, ligando-a diretamente ao posicionamento psíquico do sujeito diante da castração.

Esse eixo transferencial da descrição da perversão, dependendo da escola e do autor que o aborda, pode tanto estar mais claramente associado ao eixo sintomatológico como dele se distanciar, chegando, por vezes, a impor-se como parâmetro exclusivo para o diagnóstico. Ainda que Freud não tenha associado explicitamente

---

4 O problema da contaminação moral no estudo da perversão, embora seja relevante, não será nosso objeto neste trabalho. Sobre essa questão, ver o artigo "Perversão, perversidade e normalidade: diagnóstico e considerações terapêuticas", de Otto F. Kernberg (1998), e o capítulo 1 ("Considerações iniciais") do livro *Perversão* (Ferraz, 2000a).
5 Poderíamos, do mesmo modo, citar Gillespie (1952), Khan (1987), Stoller (1986), Chasseguet-Smirgel (1991) e Kernberg (1998).

a perversão a uma modalidade de transferência que lhe fosse correspondente, é possível afirmar que esse eixo componente "transferencial" tenha esteio na sua obra. Isso se dá particularmente nos trabalhos posteriores aos "Três ensaios", quando a distinção entre o recalcamento e a recusa já estava bastante esclarecida, como no artigo de 1927 sobre o fetichismo. Na escola lacaniana, é exatamente a distinção entre esses mecanismos (além da rejeição ou *Verwerfung*) que possibilita e fundamenta a categorização estrutural dos quadros psicopatológicos, consagrando a tríade neurose, psicose e perversão, cuja etiologia passará necessariamente pela resposta do sujeito diante da ameaça de castração.

Tomarei aqui um trabalho de Jean Clavreul (1990) como base para descrever a concepção de perversão adotada pela escola lacaniana, centrada prioritariamente na modalidade de transferência estabelecida na situação analítica. Em uma descrição bastante acurada do fenômeno transferencial observado na clínica psicanalítica da perversão, Clavreul acusa a presença de uma demanda "estranha" e "ambígua" por parte do paciente, afirmando que "o que ela comporta de *desafio* não pode deixar de aparecer, e as aparências corteses que geralmente os perversos fingem não enganam por muito tempo" (p. 137, grifo meu).

Assim, toda transferência perversa impregna-se por um desafio, aberto ou velado, sendo que o discurso sobre o amor comporta sempre um ar de "rebelião". Qual seria o papel, então, destinado ao analista?

> *Vem o perverso procurar junto a nós uma proteção contra os eventuais problemas médico-legais, tentando assim reduzir-nos ao papel cúmplice do protetor? Ou procura aos olhos terceiros provar sua boa vontade? Vem procurar em sua análise imagens escabrosas adequadas*

para melhorar o comum de suas práticas perversas? Ou, ainda, quer se livrar de determinada perturbaçãozinha que o incomoda enquanto permanece firmemente decidido a não modificar nada do essencial? (p. 137)

Essa situação pode, na prática, criar uma cilada para o analista, que poderia ser expressa, *grosso modo*, pelo seguinte conflito: situa-se o analista como apoio para um desejo de cura que pressupõe a supressão das práticas perversas? Isso, naturalmente, o colocaria numa posição moralizante contrária à neutralidade analítica. Concordaria o analista em dar importância secundária ao sintoma, privilegiando a análise como um objetivo em si mesmo? Isso sugeriria uma aceitação tácita da prática perversa, reduzindo a análise à pura condição de pesquisa, o que poderia levar o analista a ocupar o lugar de *voyeur*. Ou seja, o que pode suceder é que o analista se veja "reduzido ou a uma posição moralizante ou a uma posição perversa, com uma grande facilidade de passar de uma a outra, o que não é surpreendente quando se sabe das analogias estruturais dessas duas posições" (pp. 138-139), conforme conclui Clavreul.

Em síntese, o que a abordagem lacaniana aponta como eixo diagnóstico da perversão é precisamente a predominância do *desafio* como fenômeno transferencial, implicando uma não outorga da função analítica ao analista, postura em tudo contrária ao posicionamento neurótico perante o "suposto saber" do analista. O que está em jogo para que assim se dê é, sobretudo, a *recusa do outro*, para além da recusa da realidade. Recusando-se a ser tratado como um neurótico, o perverso busca, na situação analítica, restabelecer as "referências fundamentais da estrutura" (p. 141), numa expressão de Clavreul.

Para Guy Rosolato (1990), outro autor da escola lacaniana, o que o perverso busca nessa operação de desafio é renegar a lei do pai e substituí-la pela lei do seu desejo, o que significa, dito de outra forma, livrar-se de uma constatação cujo corolário seria o reconhecimento da diferença entre os sexos[6] e o acesso à ordem simbólica. Ele compara esta postura fetichista àquela culturalmente presente no gnosticismo, numa oposição à renúncia peculiar ao obsessivo, que poderia ser comparada àquela presente nas religiões de tradição ritualizada.[7]

A caracterização da perversão por meio da modalidade da transferência estabelecida pelo paciente também está presente na escola inglesa. Donald Meltzer (1979), valendo-se da expressão "perversão de transferência", descreve esse fenômeno clínico afirmando que os perversos "farão um esforço conjunto em determinadas fases do processo psicanalítico para tirar o analista de seu papel habitual e converter todo o procedimento em algo que tem a estrutura de sua tendência pervertida ou viciosa". E generaliza, acrescentando que esse problema "surge em *todos os pacientes* nos quais a perversão ou o vício têm um papel importante em sua psicopatologia" (p. 156, grifo meu).

Meltzer recorre ainda a Freud, que em 1914 já assinalava o fato de que o perverso não procurava a análise como forma de obter cura, ponto de vista posteriormente corroborado por autores como Gillespie, Khan e Balint. Aos perversos interessaria, no entender de Meltzer, "aprender a modular seu comportamento total para poderem continuar seu hábito ou vício sem perigo de interferência" por parte da análise, visto que eles "sentem sua perversão ou vício como mais reais do que suas relações sociais" (p. 158). O

---

6 Janine Chasseguet-Smirgel (1991) coloca a recusa da diferença geracional no mesmo nível de importância da recusa da diferença sexual, o que traz à tona o problema da ideologia do incesto no cerne da perversão. É na obra do Marquês de Sade, entre outras fontes, que a autora vai buscar uma referência de apoio a esse postulado.
7 Abordo em detalhes esta questão no Capítulo 3 deste livro.

que pode ocorrer, entretanto, é que, no decorrer da análise, venha à tona o desespero que, na verdade, se situa por trás de tal intenção, dando oportunidade, assim, ao início de uma luta contra a doença.

Essa observação clínica de Meltzer é muito pertinente para o analista que se engajou alguma vez na análise do perverso, pois afirma tanto a dificuldade quase intransponível que este apresenta em termos de analisabilidade como a situação de angústia que pode surgir quando se obtém êxito em tocar efetivamente o que fora recusado. Se não se toca na angústia de natureza psicótica que se oculta maciçamente por detrás da perversão, pode ocorrer o que Meltzer chama de "perversão da situação analítica", quando a análise assume uma configuração de impasse e paralisia, com o paciente manifestando seu desprezo pela psicanálise, ao mesmo tempo que devota um temor reverencial ao analista.

> *Quando a perversão da situação analítica ocorre, a situação total tende a tornar-se estabilizada da seguinte maneira: a forma social da vida do paciente fora da análise melhorou tanto em termos de "sucesso" e "respeitabilidade" que, pelos padrões da psiquiatria social, o paciente seria considerado curado. Ele está "bem adaptado", mas sua perversão ainda não está "curada". Na análise uma certa corrente de crueldade para com o analista persiste no comportamento, ausência das sessões, atrasos, reclamações sobre o pagamento, e zombaria dos analistas em geral, "excluindo o presente, é claro". Mas o material é abundante, tanto em relação a relatos das atividades pervertidas, quanto a sonhos. Sinais de colapso da fé no analista são encarados com sentimento de triunfo e acusações, enquanto que um periódico otimismo traz consigo uma festa perversa como reação terapêutica negativa. Torna-se claro que o paciente vê a*

mãe-analista como viciada na prática da psicanálise, como uma prostituta ama-de-leite analítica, incapaz de conseguir melhores pacientes, ou incapaz de reconhecer suas limitações. Somente um exagerado "desligamento" e comportamento "científico" do pseudo pênis-mamilo ganha o respeito, e mesmo o temor reverencial, do paciente. Ele então suspeita de que está na presença de algo grandioso, mas não sabe bem se o analista é como um deus, ou se é satânico. (p. 159)

Betty Joseph (1992), autora expoente da escola kleiniana, também aborda o fenômeno transferencial perverso, enfatizando a necessidade que tem o analista de detectar a perversão e interpretá-la *na própria transferência*. Sem que isso se dê, pensa ela, não se toca de fato no problema e, por conseguinte, não se estabelece uma mudança psíquica.

De modo semelhante ao que acabamos de ver em Meltzer, Joseph fala de uma forma sutil e diabólica que têm os pacientes perversos de perverter o vínculo transferencial e de pôr à prova a capacidade do analista, o que pode significar para este uma armadilha em que possa vir efetivamente a cair. Ora, o que fundamenta essa observação clínica, sob o ponto de vista psicopatológico, é a ideia de que *os principais aspectos da sintomatologia perversa devem necessariamente se apresentar na transferência*. O problema técnico, para Joseph, é a capacidade do analista para detectá-los, já que algumas vezes sua manifestação se dá de maneira bastante sutil.

Trata-se, via de regra, de uma erotização oculta da transferência, às vezes obscurecida por um comportamento aparentemente passivo, que, contudo, pode ter por finalidade "destruir a calma e a força" (p. 76) do analista enquanto seio provedor. Encontram-se em jogo a cisão e a identificação projetiva da excitação sexual do paciente, que dela tenta livrar-se depositando-a sobre o analista. A utilização da palavra ou do silêncio para projetar a excitação sobre o analista, bem como a passividade que pode provocar a sua impaciência ou induzi-lo a atuar por meio de interpretações (ou de pseudointerpretações) são, além de mecanismos defensivos, ataques concretos ao analista enquanto objeto odiado e invejado, como observa R. Horacio Etchegoyen (2002) ao comentar o trabalho de Betty Joseph.

Foi levando em consideração as observações sobre a transferência perversa feitas por autores das duas diferentes escolas psicanalíticas que Etchegoyen propôs a adoção definitiva da denominação "perversão de transferência" para esse fenômeno, a exemplo do que Freud (1914/1980) fizera ao cunhar a noção de "neurose de transferência", e do que autores da escola kleiniana – particularmente Herbert Rosenfeld (1978) – fizeram ao falar de uma "psicose de transferência". Para Etchegoyen, justifica-se a formulação do conceito de "perversão de transferência" na medida em que fica patente que a perversão possui uma individualidade clínica e que configura um tipo especial de transferência.

Freud (1914/1980) cunhou o conceito de "neurose de transferência" – uma entidade mais clínica do que propriamente psicopatológica – para designar uma alteração produzida no neurótico por obra do enquadre analítico, que faz com que seus sintomas tendam a manifestar-se no interior mesmo da relação com o analista, portanto, na transferência. Inicialmente sentida como um entrave ao desenrolar da análise, a neurose de transferência passou a ser compreendida como o lugar por excelência onde se concentrarão os esforços terapêuticos, por meio da interpretação da transferência no *hic et nunc* da sessão analítica.

Como Freud acreditava que o psicótico fosse incapaz de desenvolver a transferência, em virtude de seu fechamento narcísico – que praticamente o impedia de estabelecer relações objetais –, a análise da psicose era por ele considerada ineficaz. Segundo Freud, faltava ao psicótico aquela analisabilidade peculiar ao neurótico exatamente pela inexistência da transferência, o que o levou praticamente a desencorajar os esforços analíticos frente à psicose, como se vê, por exemplo, no artigo "Análise terminável e interminável" (1937/1980).

Isso não impediu que diversos analistas insistissem em experimentar a análise com pacientes não neuróticos, como fizeram alguns de seus contemporâneos, a exemplo de Karl Abraham e Sándor Ferenczi. Posteriormente, tanto analistas formados na tradição kleiniana (Bion, Winnicott, Rosenfeld e Searles, entre outros) como analistas lacanianos ousaram encarar esse desafio, obtendo êxito apesar de todas as dificuldades apresentadas pelos pacientes psicóticos para o desenvolvimento de uma análise.

De modo bastante sucinto, pode-se dizer que o que se concluiu foi que o psicótico desenvolve, sim, um vínculo objetal, só que à sua moda. Herbert Rosenfeld (1978), em seu trabalho sobre a transferência psicótica, propôs-se a demonstrar que o paciente esquizofrênico é capaz de estabelecer uma transferência positiva e negativa, sendo possível ao analista interpretar-lhe os fenômenos transferenciais e, ademais, perceber claramente as suas respostas às interpretações. Tais conclusões clínicas encontram um suporte teórico em formulações kleinianas sobre um modo primitivo de estabelecer uma comunicação, que é a "identificação projetiva", predominante no vínculo do psicótico com o seu objeto. Para Rosenfeld, os pacientes esquizofrênicos mostram muito claramente essa forma de relação de objeto:

> *com efeito, tão pronto se aproximam de qualquer objeto com amor ou ódio, [os pacientes esquizofrênicos]*

> *parecem confundir-se com esse objeto, por causa não só da identificação por introjeção como por impulsos e fantasias de entrar dentro do objeto com a totalidade ou partes de seu self, a fim de controlar o objeto. Melanie Klein sugere aplicar o nome de identificação projetiva a esses processos. (p. 126)*

Estabelecer o conceito de "psicose de transferência", portanto, foi uma empreitada da psicanálise pós-freudiana, que teve de valer-se de referenciais outros que não os estritamente freudianos para legitimá-lo sob os pontos de vista clínico e metapsicológico. Freud não legou um trabalho clínico sobre a psicose, do mesmo modo como não tratou da análise da perversão. Mas foi seguindo os caminhos já abertos pelos analistas que apostaram na ampliação da clínica psicanalítica rumo às patologias não neuróticas, e apoiado tanto nas conclusões de autores da escola inglesa quanto em lacanianos, como vimos, que Etchegoyen (2002) propôs a consolidação do conceito de "perversão de transferência". Para ele, esta tem como base teórico-clínica a "sutil complexidade das relações narcisistas de objeto" (p. 75), que produzem formas de vinculação diferentes tanto das neuróticas como das psicóticas. A especificidade de tal transferência residiria nas tentativas de desestabilização do analista, como vimos em Meltzer e Joseph.

Ruth R. Malcolm (1990) também ilustra esse esforço do perverso, mostrando que este pode tentar fascinar o analista e, assim, colocar a sua capacidade de observação em risco de converter-se em escopofilia. Otto F. Kernberg (1998), igualmente, vê na transferência perversa o risco de o analista ser envolvido nas fantasias perversas do paciente e, assim, levado à condição de expectador das relações de objeto perversas externas à análise.

Etchegoyen (2002) resume essa posição perversa, que é tanto transferencial como sintomática, afirmando que o perverso sente o seu sexo "não como um desejo, mas como uma ideologia" (p. 105),[8] sendo a inveja o motor de tal sentimento. Quanto ao "parentesco" da perversão com a psicose – assinalado por muitos autores, que veem na perversão, em essência, uma defesa contra a psicose –, este ficaria por conta, entre outros fatores, do predomínio da identificação projetiva, da labilidade da relação de objeto, da genitalização precoce, do papel da inveja como motor da conduta e da dissociação do ego.

Pois bem, em resumo, vimos até agora que, por mais que as referências teóricas, a terminologia e o estilo dos autores da escola inglesa difiram daqueles da escola lacaniana, é muito interessante observar como, na prática, os impasses trazidos pela postura transferencial do perverso são percebidos do mesmo modo por autores das duas escolas,[9] fato que ajuda a legitimar as conclusões de ambas e permite a dedução de uma teoria consolidada da transferência na perversão.

---

8 No livro *Perversão* (Ferraz, 2000a), exprimo um ponto de vista semelhante, ao questionar a qualidade de "desejo" no impulso sexual do perverso em direção ao objeto; apoiado em Joyce McDougall (1992), propus que a primazia da necessidade, nesse caso, imporia à montagem da cena perversa um caráter diferente daquele do desejo propriamente dito. O "argumento perverso" (provar que a castração não existe) presidiria a montagem da cena, prevalecendo sobre a emergência do desejo. Em relação à "ideologia" intrínseca ao ato perverso, ver o artigo "Estudo das perversões sexuais a partir do fetichismo" (Rosolato, 1990), na aproximação que ali se faz da perversão com a gnose; ver também o Capítulo 3 deste livro.

9 Em outra oportunidade (Ferraz, 2000a), chamei a atenção para esse fato, comparando um texto de Donald Meltzer (1979) com o já citado trabalho de Clavreul (1990). Curiosamente, encontrei mais tarde um trabalho de Etchegoyen (2002) em que ele estabelece o mesmo paralelo exatamente entre os dois textos desses autores.

Uma questão que se nos impõe agora, portanto, é a seguinte: as definições da perversão pelo eixo da sintomatologia (desvio sexual) e pelo eixo da transferência, como propus, seriam sempre complementares? Ou, quando tomados de um modo mais radical, esses eixos poderiam produzir figuras conceituais excludentes? Dito de outro modo: todo paciente que apresenta um desvio sexual perverso apresentará, necessariamente, uma perversão de transferência quando submetido ao processo analítico? Ou, ainda, invertendo os termos: todo paciente que apresenta uma modalidade perversa de transferência apresentará também um desvio sexual? Cumpre pensar mais detidamente no problema teórico-clínico representado por essas perguntas, submetendo-as às duas escolas psicanalíticas com que viemos trabalhando até aqui.

Para os analistas de orientação lacaniana, talvez essa questão esteja mais delimitada, posto que a definição do campo da perversão feita prioritariamente pela via transferencial reduz, em sua formulação, o papel do fenômeno sintomático existente para além da situação analítica. O "diagnóstico transferencial" segue um modelo que liga diretamente a estrutura clínica ao mecanismo defensivo predominante na saída do conflito edípico. Assim, a perversão decorre da recusa, como a neurose decorre do recalcamento e a psicose, da rejeição. O desafio presente na transferência perversa é o elemento central para o diagnóstico, eximindo o clínico de valer-se de algo como um "desvio sexual" para a sua definição. A perversão parece, assim, ser tomada mais na acepção de *operador clínico* do que propriamente na de *categoria psicopatológica*.

Se tal procedimento tem a vantagem de focalizar claramente o campo do trabalho analítico, por outro lado ele pode "desmaterializar" a perversão, retirando-lhe a sintomatologia sexual, que passa, assim, a ser apenas contingente. O mesmo ocorre com a psicose, que, no diagnóstico estrutural, é irredutível à conceituação psiquiátrica, tornando possível uma psicose sem "loucura", ou seja, sem delírio ou alucinação.[10] O que define a estrutura psicótica seria a *forclusão do Nome-do-Pai*.

Não é que o sintoma, do ponto de vista descritivo, seja simplesmente desconsiderado. Trata-se, antes, da eleição de um recorte, que é a manifestação transferencial, desde que entendida como fenômeno que informa sobre a posição do sujeito dentro do conflito edípico e, portanto, dentro também do sintoma que produz. Importa, para o diagnóstico estrutural, o modo como o sujeito se encontra marcado pela castração. A tomada da sintomatologia como parâmetro seria, nessa concepção, peculiar ao modelo médico ou psiquiátrico. Para a psicanálise haveria um outro recorte, coerente com a sua própria base epistemológica.

Uma ênfase maior no eixo transferencial para a definição da perversão, como acabamos de ver, pode ter um grande interesse para a psicanálise, em razão da primazia que confere à situação analítica. Mas quando esse eixo se quer exclusivo, é lícito pensar que isso pode ser o resultado de uma certa forma de se ler Freud que leva em consideração um determinado momento de seu trabalho, ou mesmo um certo texto, em detrimento ou com a omissão de outros.[11] Ou seja, quando se radicaliza a preponderância do modelo de perversão presente no artigo sobre o fetichismo (1927/1980), é porque se está desconsiderando aquele presente nos "Três ensaios" (1905/1980), em que está consignado o eixo sintomatológico. Afinal, a definição pela estrutura encontra fundamento no mecanismo da recusa, ainda ausente em 1905.[12]

---

10 Isso não quer dizer, evidentemente, que essas formações sintomáticas não sejam reconhecidas como psicóticas.
11 Como sói acontecer, aliás, em quase todas as leituras "de escola" que se fazem da obra de Freud.
12 Em 1908, no entanto, a noção de recusa já se faz presente no artigo de Freud "Sobre as teorias sexuais das crianças".

Sabemos à saciedade, entretanto, que, em se tratando da obra de Freud, há de se ter cautela ao descartar um ponto de vista expresso em um momento determinado. Por mais que as contradições internas apareçam em seu trabalho, o mais comum é que, no fim das contas, diferentes pontos de vista, expressos em momentos diferentes, acabem sendo complementares. Janine Chasseguet-Smirgel (1991), por exemplo, é uma autora que defende a integração de três momentos da teorização freudiana da perversão[13] como complementares e necessários ao seu entendimento geral.[14]

Vejamos agora como fica a mesma questão para os autores kleinianos que trataram da "perversão de transferência". É verdade que nem sempre a pergunta sobre a coincidência do "desvio sexual" com a "perversão de transferência" é feita de maneira explícita. No entanto, quase sempre a afirmação de tal coincidência fica implícita; ao menos é o que podemos concluir examinando os relatos de caso. Meltzer (1979), contudo, preocupou-se com esse problema e defendeu abertamente a coincidência do fenômeno sintomatológico da perversão com sua manifestação transferencial. Como vimos, ele afirma categoricamente que a perversão de transferência "surge em *todos os pacientes* nos quais a perversão ou o vício têm um papel importante em sua psicopatologia" (p. 156, grifo meu).

Se pensarmos na lógica que rege as relações objetais de um determinado paciente, não seria de estranhar essa coincidência

---

13 Estes três momentos seriam: o dos "Três ensaios" (1905), cujo eixo é a definição da neurose como "negativo da perversão"; o do artigo "Uma criança é espancada" (1919), que liga o masoquismo à questão da identificação; e o do "Fetichismo" (1927), que explica o caráter ambíguo do fetiche, apresentando a recusa da castração em sua relação causal com a dissociação do ego.
14 Este é o ponto de vista que defendo no artigo "Uma breve revisão da noção de perversão na obra de Freud" (Ferraz, 2000b).

postulada por Meltzer. Afinal, o analista seria um objeto entre outros, por mais que a relação analítica esteja revestida de um outro caráter contratual. Seguindo a lógica freudiana presente na ideia de "neurose de transferência", essa coincidência não seria apenas cabível, mas poderia ser mesmo esperada.

Otto F. Kernberg (1998), no entanto, questiona a validade dessa generalização. Para ele, autores importantes para o estudo da perversão e da perversidade, como Meltzer, Rosenfeld e Bion, caíram no erro de confundir a perversão sexual com a perversão de transferência, usando tais noções como equivalentes, sem diferenciá-las suficientemente bem. Para Kernberg, a "síndrome da perversidade na transferência", como ele a chama, "consiste, em essência, no recrutamento do erotismo e do amor a serviço da destruição" (p. 73). Trata-se de uma reação terapêutica negativa severa que só pode ter sido confundida com uma patologia sexual específica por uma mera semelhança semântica!

A "perversão de transferência" pode ocorrer, evidentemente, em pacientes que tenham uma perversão no sentido estrito de "desvio sexual", e Kernberg julga ser justificável essa coincidência, visto que a perversão grave está associada à personalidade narcísica. Mas ela pode ocorrer igualmente em outros pacientes que não apresentem uma perversão sexual específica, e sim distúrbios narcísicos da personalidade ou aquilo que ele chama de "síndrome do narcisismo maligno".

Kernberg propõe um quadro amplo para a classificação da perversão, mostrando como os fenômenos perversos podem aparecer numa ampla gama de pacientes, que vão desde os portadores da "síndrome do narcisismo maligno" (que apresentam formas severas de sadismo, masoquismo, pedofilia, coprofilia etc.) ou do "distúrbio de personalidade antissocial" (psicopatas), passando pelos perversos propriamente ditos (que são *borderline*, em sua opinião),[15] até pacientes com organização neurótica da personalidade (nos quais a encenação perversa não teria o caráter de agressão pré-edípica, mas se explicaria pelos aspectos regressivos do próprio conflito edípico). Para ele, portanto, o que se articula com o fenômeno da perversão de transferência – que desencadeia sempre respostas contratransferenciais difíceis de serem utilizadas adequadamente a favor da análise – é a organização *borderline* da personalidade e a correlata estrutura de personalidade narcísica.

Por um interessante volteio, então, vemos como para Kernberg, em última instância, será a modalidade da transferência estabelecida que definirá o quadro estrutural, e não apenas a presença de uma determinada sintomatologia. Aparentemente, acabaríamos chegando a um ponto de vista similar àquele dos lacanianos. Mas me parece que a semelhança é apenas superficial, pois, ao contrário destes, Kernberg valoriza sobremaneira o conjunto de sintomas do paciente, aproximando-se, nesse ponto, de um olhar que se poderia chamar de "psiquiátrico".[16] O que ele parece procurar em seus estudos de caso, para além da pesquisa sobre a transferência, é a qualidade das relações objetais dos pacientes, o que pode perfeitamente ser realizado a partir de informações sobre suas vidas

---

15 Este tipo, para Kernberg (1998) o perverso propriamente dito, coincide com aquele descrito por Janine Chasseguet-Smirgel; para ele, o que caracteriza tal grupo é a presença de uma "organização defensiva em camada dupla em que os conflitos edípicos estão fusionados com os conflitos pré-edípicos, cujos aspectos agressivos dominam o quadro clínico" (p. 70).

16 Pode-se constatar este fato observando-se, por exemplo, os critérios explicitados por Kernberg (1998) para a avaliação diagnóstica de pacientes com perversão sexual, que incluem a investigação da vida sexual, dos vínculos afetivos e da relação conjugal; além do mais, ele se utiliza de uma prolífica classificação nosográfica própria, não raro recorrendo também à terminologia psiquiátrica do DSM, como na adoção da categoria de "transtornos de personalidade" em seu livro *Agressão nos transtornos de personalidade e nas perversões* (1995).

obtidas não exclusivamente por meio da reprodução sob transferência na situação analítica.

Para Kernberg, portanto, é possível uma não confluência dos eixos sintomatológico e transferencial da perversão sobre o mesmo paciente, ou, dito mais precisamente, existe uma zona de intersecção considerável entre o desvio sexual e a perversão da transferência, mas restariam outras regiões em que tal intersecção não ocorre.

Pois bem, para tirar alguma conclusão prática dessa confrontação entre os diferentes enfoques da perversão que vimos até aqui, seria interessante levantar os benefícios e as limitações que eles encerram, num esquema que bem pode ser desenhado por meio de paradoxos. Senão vejamos.

Na definição mais afeita ao eixo sintomatológico, como se depreende de Freud (levando-se em conta sua obra como um todo), considera-se um sujeito *que fala de seu sintoma em transferência*, mas, ainda assim, vislumbra-se um sujeito-no-mundo por detrás de sua sintomatologia. Afinal, Freud (1914/1980) subordinou a neurose de transferência à neurose real, dando à primeira o caráter de operador clínico da análise. Por outro lado, caso se fique excessivamente preso à sintomatologia, incorre-se no risco de abandono do recorte clínico propriamente psicanalítico – isto é, fundado em uma epistemologia particular da clínica psicanalítica –, recaindo-se em um olhar psiquiátrico sobre o sintoma. Nesse caso, a análise pode perder sua eficácia como método de encontro da verdade peculiar ao sujeito, restringindo-se a algo tal como uma psicoterapia de apoio, a um esforço adaptativo ou educativo (cognitivo) ou, às vezes, a nada.

Na visão predominantemente transferencial, tem-se o mérito da manutenção do crivo especificamente psicanalítico, que protege a análise de simplificações clínicas que podem resultar, por exemplo, na limitação da comunicação aos contornos conscientes do ego. Por outro lado, do ponto de vista epistemológico, não é impossível que, levado esse posicionamento às últimas consequências, a psicanálise perca o contato com toda a psicopatologia possível.

Maurice Dayan (1994), tratando dessa questão, fala em "singularidade idiopática" para se referir à experiência de *um* sujeito em análise, experiência que não se parece com a de nenhum outro sujeito. Na clínica haveria, pois, apenas arranjos sintomáticos idiopáticos. Isso não significa, contudo, que não encontremos *regularidades sintomáticas* nos nossos pacientes; caso contrário, nem sequer poderíamos pensar em uma psicopatologia.

Contudo, mesmo considerando a singularidade idiopática, dedutível da escuta analítica de um sujeito único, as exigências culturais gerais, cujo protótipo seria o complexo de Édipo, colocam-se para todos os sujeitos, concorrendo para a construção de um "sintoma universal". Isso ocorre na medida em que cada sujeito, ao deparar com as exigências civilizatórias, tem de processá-las a seu modo singular, produzindo, a partir daí, uma síndrome "patológica" particular, ou seja, o seu *sintoma*.

Sob a ótica da clínica, a rigidez da abordagem transferencial pode significar uma verdadeira *recusa* ao sintoma do paciente, tal como este se apresenta em sua narrativa. Neste caso introduz-se um fator de risco para determinados sujeitos, que vão então reencontrar uma situação traumática nesse não reconhecimento que tal postura do analista implica. Isso pode ocorrer, por exemplo, quando o analista insiste reiteradamente na interpretação da transferência de pacientes não neuróticos, para os quais tal conduta é nociva ou, no melhor dos casos, inócua.[17]

---

17 Pierre Marty (1993), por exemplo, recomenda cautela no uso da interpretação no caso de pacientes psicossomáticos que apresentam um "pensamento operatório", visto que estes muitas vezes são inaptos a atingir uma posição

É claro que, nos casos em que isso ocorre, trata-se mais de uma falta de maleabilidade do analista do que de um problema intrínseco ao modelo da interpretação transferencial. O erro correlato, quando se privilegia o eixo sintomatológico, seria exatamente o de desprezar fenômenos transferenciais fundamentais à análise.

Ora, esses paradoxos, sabemos, estão longe de representar exclusivamente o conflito entre as definições de perversão e as formas de se trabalhar com elas teórica e clinicamente que daí decorrem. Eles têm, na verdade, uma validade mais ampla, aplicando-se ao trabalho psicanalítico em geral, considerados o amplo espectro da psicopatologia e os problemas concernentes à técnica e à formação de analistas.

A referência à transferência na formulação do diagnóstico, evidentemente, é fundamental quando o que se tenciona é um diagnóstico psicanalítico. Torna-se ainda mais relevante quando se entende por "diagnóstico" não uma categorização nosográfica, mas uma consideração dinâmica e relacional cuja função é constituir-se como um operador clínico. No entanto, seu valor torna-se relativo quando se procura validá-la como critério para um diagnóstico *descritivo*, para além do *setting* analítico. Penso que o diagnóstico transferencial se refere mais à qualidade da relação objetal do que à fenomenologia sintomatológica do sujeito, isto é, ele fala mais do *como* que do *quê*.

O conteúdo sintomático é contingente e comporta um certo grau de plasticidade; portanto, o desvio sexual *stricto sensu* nem sempre é coincidente com a psicopatologia da perversão propria-

---

transferencial. Christophe Dejours (1991), por sua vez, recomenda que se abstenha do uso da técnica interpretativa na análise de pacientes em que isso signifique um risco somático; nestes casos, ele sugere uma psicoterapia de "para-excitação". Além desses casos, poderíamos pensar também no efeito iatrogênico da abordagem pela via da transferência em certos pacientes paranoides.

mente dita. É assim, por exemplo, que a patologia fundada na recusa – perversa, por definição – pode estender-se, sob o ponto de vista sintomatológico, do desvio sexual para as mais diversas modalidades de adicção, como tantos autores têm procurado demonstrar.[18] O aspecto relevante a ser considerado, então, é a natureza e a qualidade da relação de objeto, que comporta, em uma de suas dimensões, a relação do sujeito com a *falta*.

Além do mais, segundo a minha compreensão da transferência, é enganoso supor que esta signifique apenas uma repetição tal e qual de um padrão de direcionamento ao objeto. A transferência na clínica contém também, inseparável da repetição, um *gesto* que aponta exatamente para o novo, num impulso à restauração por meio de uma compreensão *diferente* de si, que se pede ao analista e dele se espera obter.

É verdade que, no caso da perversão – ou de outras patologias em que o ódio, a inveja e a destrutividade assumem o papel central –, esse pedido torna-se mais difícil de se escutar, em razão daquelas respostas contratransferenciais, passíveis de surgirem no analista, que prejudicam a sua disponibilidade para o *holding*. No entanto, creio que é a essa forma de se compreender a transferência que se condiciona o alcance de sua instrumentalização clínica, que é o que permitirá a abertura para a eventual mudança psíquica do paciente. No reverso dessa postura, podemos perpetuar descrições de casos de perversão que mais se assemelham a peças de acusação moral, criminal ou religiosa...

Sustento, portanto, que o par sintoma-transferência deve ser levado em conta na observação diagnóstica psicanalítica, de forma

---

18 Ver, por exemplo, o artigo "Sobre la patologia del alcoholismo y la drogadicción en la experiencia psicoanalítica" (Maldonado, 2002); ver também o livro *A pulsão e seu objeto-droga: estudo psicanalítico sobre a toxicomania* (Gurfinkel, 1996).

articulada e com a devida cautela, resguardando-se o recorte epistemológico e o método propriamente psicanalíticos, mas sem estereotipias que possam fazer uma teoria prévia prevalecer sobre a experiência viva.[19]

"Cá entre nós": a perversão na situação analítica

Passo a descrever agora o fragmento de uma sessão analítica na qual podemos ver, no calor da análise, um exemplo de como se dá uma situação de perversão de transferência.

Júlio, um jornalista de trinta e poucos anos, em análise comigo há mais ou menos um ano, inicia sua sessão com um tom levemente depressivo, referindo-se à sessão anterior, na qual contara-me a respeito de suas fantasias sexuais. Dissera-me naquela sessão que, embora não o realizasse, desejava ardentemente manter relações homossexuais nas quais faria sexo oral com seus parceiros. Pensava compulsivamente nisso e, com tais ideias em mente, chegava a masturbar-se várias vezes por dia.

---

19 Há um campo da psicopatologia, para além dos casos da neurose, da perversão e da psicose, em que a articulação da sintomatologia com a modalidade da transferência mostrou-se profundamente profícua: são os casos de psicossomatose, em que o paciente praticamente não exprime nenhum afeto transferencial considerável. Pierre Marty e Michel de M'Uzan (1994) fundam sobre este problema o conceito de *vida operatória*. Joyce McDougall (1989) também tratou deste tipo de paciente (o "antianalisando"), chamando a atenção, inclusive, para o fenômeno da "normopatia", no qual não haveria necessariamente uma somatização. Também Christophe Dejours (1991) fala de um tipo de paciente somatizador que produz, em análise, uma verdadeira "mineralização" do analista, numa impossibilidade radical de colocar-se em transferência. Abordo detalhadamente esse problema no livro *Normopatia: sobreadaptação e pseudonormalidade* (Ferraz, 2002).

Um pouco angustiado, Júlio me diz que saíra da sessão anterior sentindo-se mal, por ter mais uma vez tocado no tema de suas fantasias "secretas". Achava que falar disso comigo poderia expor excessivamente sua intimidade. Além disso, tinha experimentado um certo sentimento de inferioridade em relação a mim, que estava na condição de analista, enquanto ele ocupava o lugar de paciente. Queixa-se da assimetria de nossa relação, na qual "eu sei de suas coisas e ele não sabe das minhas". Ficara contrariado, resume ele.

Ao fim de um curto período de silêncio, Júlio, mudando abruptamente de tônus, fala com maior vigor, voz mais alta e mais depressa que não queria mais falar daquilo. Abandonando o tom de lamento que empregara na primeira comunicação, diz, de modo enfático e categórico, que o que ele realmente queria comigo naquele momento era saber se eu conhecia algum bom mecânico na região do meu consultório, pois ele precisava de alguém para consertar seu carro. Acrescenta que, perto da empresa em que trabalha, há apenas um mecânico e que todos ali ficam "reféns" daquele "ladrãozinho" por não terem alternativa.

Digo-lhe então que era assim que ele se sentia em relação a mim naquele instante, como um refém em minhas mãos por eu saber a respeito de suas fantasias secretas. Era eu o mecânico "ladrãozinho", expressão que me parecera remeter-se também a outras acusações que ele me fizera anteriormente a respeito do valor de meus honorários.

Mais uma mudança se verificou em sua disposição. Falando agora com um tom irônico e tentando demonstrar uma arrogante superioridade intelectual, Júlio se vira um pouco sobre o divã, de modo a olhar para mim, e diz bem devagar e mais baixo, num tom que sugeria a um só tempo desprezo e esforço de cooptação: "*Cá entre nós*, me diga uma coisa. Você acredita mesmo que uma coisa tem a ver com a outra? Tudo o que eu falo tem a ver com a fala precedente? Você não acha muito simples tudo isso? A psicanálise realmente é muito limitada! E você deixa a sua inteligência de lado para seguir todos os chavões que deve ter aprendido na sua formação. Vai, diz *só pra mim* que você usa estas bobagens da psicanálise para ganhar seu dinheiro, porque eu sei que, no fundo, não é possível que você acredite nisso".

Respondi-lhe então: "Cá entre nós coisa nenhuma! Você quer que eu confesse, só para você, que eu não acredito no que digo, e que o digo mecanicamente apenas para ir tocando meu ofício e ganhar meus trocos. Assim, eu lhe confessaria que sou mesmo o 'ladrãozinho', mas que para você, que é especial, eu digo a verdade, enquanto continuo explorando, com minhas más intenções psicanalíticas, todos os outros, menos inteligentes, menos preparados ou menos perspicazes do que você. Eu faria, assim, um pacto especial com você, excluindo os outros e confessando-me desonesto. Ocorre que eu acredito no que falei, assim como acredito nessas bobagens da psicanálise que andei aprendendo...".

Júlio se assusta um pouco com minha resposta, que talvez tenha saído do *script* planejado. Essa fala, no entanto, veio a ter uma profunda repercussão na sua análise. Embora indigesta no primeiro momento, creio eu, ela trouxe à tona aspectos do que chamo aqui de *perversão de transferência*, ao mesmo tempo que marcou a minha recusa[20] em tomar parte do conluio para o qual me con-

---

20 Podemos falar, aqui, de uma *recusa*, por parte do analista, ao convite que lhe é feito. Mas emprego o termo *recusa*, é claro, na sua acepção comum na língua corrente, e não como *Verleugnung*. Laplanche (1992), tratando exatamente dessa distinção, propõe o termo *refusement* ("recusação"), que no alemão de Freud era *Versagung*, para designar a postura do adulto que se recusa a atender à demanda do bebê, o que "ensinaria o pequeno ser humano a viver" (p. 81). Um exemplo de semelhante postura na clínica se encontra na obra de Masud Khan (1991), no texto "Um homossexual desanimador", quando o autor, na

vidava, até certo ponto, de modo inconsciente. Tratou-se de uma interpretação simultânea a um posicionamento.

Era-me evidente que a sua arrogância era uma tentativa de sair do lugar extremamente desconfortável em que se colocara quando resolveu contar-me, de fato, na sessão anterior, sobre as fantasias que o perturbavam, de modo a passar todo o seu desconforto e o seu sentimento de inferioridade para mim. Júlio tinha como método habitual tentar afirmar sua superioridade intelectual sobre mim, mas de um modo dissimulado em que fingia me preservar: eu era inteligente; a psicanálise é que era burra! Ele não se limitava, como eu, ao pseudossaber psicanalítico, um conhecimento mais pobre que visava unicamente enriquecer os analistas burgueses. O conhecimento nobre era o que ele possuía: a literatura e a filosofia.

Cabem aqui algumas considerações elucidativas sobre a história de Júlio e de sua análise. Ele havia me procurado por indicação de um analista a quem tinha como um grande intelectual, "uma verdadeira exceção" no meio psicanalítico. Tinha tentado antes um curto período de análise que se encerrara, segundo ele, em virtude do seu envolvimento erótico com o ex-analista, fato que lhe resultou extremamente traumático.

Casado com uma colega de trabalho, Júlio há muito tempo não tinha relações sexuais com a mulher. Sua vida sexual limitava-se à masturbação compulsiva e a tentativas frustradas de envolvimento com homens que encontrava casualmente em viagens de trabalho. Aos 13 anos, teve o que chamou de "iniciação sexual", numa relação violenta com um superior na empresa em que era *office-boy*. Esse homem o levara a uma sala fechada, onde, imobilizando-o, despiu-o e fez sexo oral com ele. O ato forçado, disse Júlio, não

---

entrevista inicial com seu paciente, disse-lhe que não se interessava em analisá-lo, ainda que, todavia, tenha vindo a fazê-lo.

impedira que obtivesse satisfação: ao contrário, aumentara o êxtase do seu gozo. Sentindo muita culpa, nunca mais teve outra relação homossexual, embora o fantasiasse diuturnamente.

Na infância – dos 6 aos 10 anos –, Júlio costumava ter brincadeiras sexuais com um vizinho um pouco mais velho. Ele, Júlio, fazia o "papel da mulher", enquanto o vizinho representava o homem da relação. Frequentemente Júlio ameaçava seu parceiro dizendo que contaria tudo aos pais de ambos, o que deixava o vizinho bastante amedrontado e, por conseguinte, submetido ao seu controle, inclusive atendendo prontamente aos chamados para as brincadeiras sexuais. Antes disso, recorda-se ele sobre suas primeiras sensações sexuais, sentia uma enorme atração pelo peito do pai, em quem tinha vontade de "mamar". Pressentia haver algo errado naquilo, sentindo-se culpado e temeroso de que descobrissem seus pensamentos.

A entrevista inicial com Júlio foi difícil. Bem articulado intelectualmente – embora às vezes pedante no uso de referências eruditas –, ele teceu comentários desfavoráveis sobre a psicanálise e os psicanalistas, sempre usando argumentos da lavra marxista para fundamentar suas opiniões. Trocando em miúdos, disse-me que eu era careiro e me utilizava do sofrimento alheio para vender minha mercadoria. Percebendo que não se tratava exatamente de uma dificuldade financeira, eu me limitei a dizer que aquele era o preço e que, se ele não pudesse ou não quisesse pagar, não seria possível iniciarmos a análise. Visivelmente contrariado, Júlio se retirou sem dizer se desejava ou não discutir mais sobre o contrato. No dia seguinte, telefonou-me marcando um horário. Foi até o consultório e, naquela segunda entrevista, a despeito das críticas, estabeleceu comigo o contrato e iniciou sua análise, aceitando as condições que eu expusera.

Logo na segunda sessão, contou-me que, em conversa com alguns amigos analistas de outra cidade, relatou-lhes sobre nossa entrevista e que, quando falou da minha postura sobre o aspecto financeiro, ficaram todos indignados, dizendo: "Oh, que absurdo! Como pode um analista dizer algo assim!". Ao narrar-me suas discussões com a mulher, de quem ensaiava separar-se, sem o conseguir, deixava escapar que usava meu nome para atacá-la, atribuindo a mim argumentos desfavoráveis a ela. Isso fazia com que ela dissesse coisas terríveis sobre mim, que ele me contava na tentativa de que eu também me indispusesse com ela.

Esse fragmento de sessão da análise de Júlio, parece-me, fala precisamente de uma modalidade de transferência tida na psicanálise como peculiar à perversão. Senão vejamos.

Para começar, o eixo transferencial da perversão encontra-se, no caso de Júlio, claramente enlaçado com o eixo sintomatológico. Os fragmentos de sua história que selecionei trazem cenas de um erotismo atrelado a uma forma de violência que pressupõe o domínio – físico ou psíquico – sobre o outro, levando à montagem de cenas em que o papel do sujeito amarrado se alterna com o do sujeito que amarra, prende, seja pela força, seja pela chantagem. Nesse sentido, não há como diferenciar o argumento encenado na análise daquele encenado no sintoma. Conforme vimos em Meltzer (1979), a perversão de transferência surge sempre que o sintoma perverso, que incide na sexualidade, "tem um papel importante na psicopatologia" (p. 156).

A abertura de sua fala, com a expressão "cá entre nós", é o primeiro indício da perversão que se infiltra na transferência, por meio de uma erotização que segue a mesma lógica da abordagem do objeto sexual. Lembra a "técnica da intimidade" de que fala Masud Khan (1987) para caracterizar o modo como o perverso se aproxima de seu objeto, tentando envolvê-lo em uma malha de sedução e criar um clima de intimidade e segredo.[21] Enquanto acena com a promessa de um gozo inédito, o perverso, entretanto, recusa ao objeto a subjetividade, encaixando-o numa cena estreita e previamente escrita. O "cá entre nós", assim, não é uma alusão ao salutar e necessário sigilo analítico. Trata-se, na sessão de Júlio, de uma tentativa de eliminação de toda terceiridade.

Luís Cláudio Figueiredo (2004), escrevendo sobre o *borderline*, faz uma consideração que considero pertinente para o perverso: afirma que, na situação analítica, o paciente exibe uma estruturação "antiedípica", manifestando um ataque a terceiros e, "particularmente, às ligações entre o analista e seus outros, sejam os outros pacientes, o *setting*, a psicanálise como método e como teoria, as outras eventuais ocupações e interesses do analista, etc." (p. 516). O objetivo seria, assim, reduzir a situação analítica a uma situação dual. Esse ponto é, no fundo, o próprio sustentáculo da perversão: trata-se da tentativa de manutenção de uma dualidade incestuosa com a mãe, vivida como aquela que autoriza a exclusão do pai, dando ao futuro perverso a garantia de que ele não precisa passar pelo crivo da castração. Conforme Rosolato (1990), o objetivo do desafio é, em última instância, impor a lei do próprio desejo sobre a lei do pai, comprometendo o acesso à diferença sexual e à ordem simbólica.

Um ponto bastante explorado pela psicanálise – particularmente pela escola lacaniana – é a presença do *desafio* na transferência perversa, como foi visto anteriormente. De acordo com Clavreul (1990), essa dimensão do desafio significa a recusa da função analítica do analista: o perverso se recusa a ser tratado como um neurótico em análise. Na escola kleiniana, esse fenômeno é

---

21 No livro *Perversão* (Ferraz, 2000a), particularmente no capítulo 3 (caso clínico de André), descrevo com maiores detalhes a forma como se dá esta abordagem do objeto.

visto como uma busca da desestabilização do analista, numa tentativa de retirá-lo do seu papel analítico.

Meltzer (1979) é preciso quando diz que o perverso tenta conferir ao procedimento analítico a "estrutura de sua tendência pervertida e viciosa" (p. 156), ao que chama de "perversão da situação analítica". Na sessão de Júlio, isso se verifica na intolerância à assimetria entre analista e analisando. A inveja primária conduz à dificuldade no estabelecimento de uma relação de objeto. A regressão à dependência, experimentada como risco ou perigo, é evitada a qualquer custo.

Do ponto de vista da clínica, portanto, a perversão de transferência implica um risco para a análise, na medida em que visa enlaçar o analista na cena perversa, destruindo sua capacidade de analisar, seja por meio da sedução – que o converte em *voyeur* –, seja pela repulsa, que o converte em moralizador. Diante dessa armadilha, a função analítica passa a ser, primordialmente, a de não aderir ao pacto proposto e identificar, na própria transferência, a essência da perversão.

Ao citar Betty Joseph (1992) anteriormente, enfatizei sua impressão de que, enquanto o analista não tocar no problema da perversão *na* transferência, não poderá ocorrer nenhuma mudança psíquica. Para ela, o perverso promove uma "erotização oculta" da transferência, de um modo que pode se disfarçar por meio de uma postura passiva, mas que tem por finalidade "destruir a calma e a força do analista". Trata-se, em linguagem kleiniana, da inveja do seio provedor e de sua destruição.

A descrição da perversão de transferência feita por Meltzer (1979) em tudo se aplica à sessão de Júlio que descrevi. Nessa situação, o paciente vê no analista um viciado na prática da análise, limitado e incapaz de dar-se conta de sua limitação. A psicanálise é desacreditada ou mesmo atacada como uma farsa, e era exatamente isso que Júlio queria que eu lhe confessasse, só a ele e a mais ninguém! É por essa razão que a recusa do analista a cumprir seu papel no *script* é fundamental, expediente tão mais potente quando aliado à interpretação da fantasia que subjaz a montagem da cena transferencial.

Vimos como Kernberg (1998) enfatiza a necessidade de se focalizar, na análise do perverso, a atuação ou a expressão das fantasias inconscientes na transferência, uma vez que o paciente pode buscar a imobilização do analista e, assim, conduzi-lo ao lugar de espectador do cenário de suas relações objetais perversas ou reproduzir, na transferência, a mesma satisfação de suas fantasias perversas, agora nelas envolvendo o seu analista. Portanto, a análise do perverso exigirá, de modo decidido, a recusa da dualidade requerida.

Robert Caper (citado por Figueiredo, 2004), tratando da análise do *borderline*, fala da necessidade que tem o analista de manter-se ligado a seus objetos internos, ou seja, manter-se "casado com a psicanálise e com o seu método" (p. 517), a fim de se libertar da identificação projetiva que lhe cai sobre os ombros. Na análise de Júlio, aprendemos que a adesão aferrada ao método psicanalítico, mais do que um recurso técnico, contribuiu para a saída de uma situação imaginária e dual, na qual se convidava o analista a reiterar o papel da mãe que acena com a passagem ao largo do muro da castração e da lei do pai, desqualificando-os e prometendo o gozo auferido com a supremacia da pré-genitalidade e do incesto.

Referências

Chasseguet-Smirgel, J. (1991). *Ética e estética da psicanálise*. Artes Médicas.

Clavreul, J. (1990). O casal perverso. In J. Clavreul et al., *O desejo e a perversão*. Papirus.

Dayan, M. (1994). Normalidad, normatividad, idiopatía. In Fundación Europea para el Psicoanálisis, *La normalidad como síntoma*. Kliné.

Dejours, C. (1991). *Repressão e subversão em psicossomática: pesquisas psicanalíticas sobre o corpo*. Jorge Zahar.

Etchegoyen, R. H. (2002). Perversión de transferencia. Aspectos teóricos y técnicos. In R. J. Moguillansky (Org.), *Escritos clínicos sobre perversiones y adicciones*. Lumen.

Ferraz, F. C. (2000a). *Perversão*. Casa do Psicólogo.

Ferraz, F. C. (2000b). Uma breve revisão da noção de perversão na obra de Freud. *Pulsional Revista de Psicanálise, 13*(131), 5-19.

Ferraz, F. C. (2002). *Normopatia: sobreadaptação e pseudonormalidade*. Casa do Psicólogo.

Figueiredo, L. C. (2004). Os casos-limite: senso, teste e processamento da realidade. *Revista Brasileira de Psicanálise, 38*(3), 503-519.

Freud, S. (1905/1980). Três ensaios sobre a teoria da sexualidade. In S. Freud, *Edição Standard Brasileira das Obras Psicológicas Completas de Sigmund Freud* (Vol. VII). Imago.

Freud, S. (1914/1980). Recordar, repetir e elaborar. In S. Freud, *Edição Standard Brasileira das Obras Psicológicas Completas de Sigmund Freud* (Vol. XII). Imago.

Freud, S. (1917/1980). Conferências introdutórias sobre psicanálise. Conferência XXI: O desenvolvimento da libido e as organizações sexuais. In S. Freud, *Edição Standard Brasileira das Obras Psicológicas Completas de Sigmund Freud* (Vol. XVI). Imago.

Freud, S. (1919/1980). Uma criança é espancada: uma contribuição ao estudo da origem das perversões sexuais. In S. Freud, *Edição Standard Brasileira das Obras Psicológicas Completas de Sigmund Freud* (Vol. XVII). Imago.

Freud, S. (1927/1980). Fetichismo. In S. Freud, *Edição Standard Brasileira das Obras Psicológicas Completas de Sigmund Freud* (Vol. XXI). Imago.

Freud, S. (1937/1980). Análise terminável e interminável. In S. Freud, *Edição Standard Brasileira das Obras Psicológicas Completas de Sigmund Freud* (Vol. XXIII). Imago.

Gillespie, W. H. (1952). Notes on the analysis of sexual perversions. *International Journal of Psycho-Analysis, 33*, 397-402.

Gurfinkel, D. (1996). *A pulsão e seu objeto-droga: estudo psicanalítico sonho a toxicomania.* Vozes.

Joseph, B. (1992). Uma contribuição clínica para a análise de uma perversão. In M. Feldman, & E. B. Spillius (Org.), *Equilíbrio psíquico e mudança psíquica: artigos selecionados de Betty Joseph.* Imago.

Kernberg, O. F. (1995). *Agressão nos transtornos de personalidade e nas perversões.* Artes Médicas.

Kernberg, O. F. (1998). Perversão, perversidade e normalidade: diagnóstico e considerações terapêuticas. *Revista Brasileira de Psicanálise, 32*(1), 67-82.

Khan, M. M. R. (1987). *Alienación en las perversiones.* Nueva Visión.

Khan, M. M. R. (1991). Um homossexual desanimador. In M. M. R. Khan, *Quando a primavera chegar: despertares em psicanálise clínica.* Escuta.

Laplanche, J. (1992). *Novos fundamentos para a psicanálise.* Martins Fontes.

Malcolm, R. R. (1990). O espelho: uma fantasia sexual perversa em uma mulher vista como defesa contra um colapso psicótico. In E. B. Spillius (Org.), *Melanie Klein hoje: desenvolvimentos da teoria e da técnica* (Vol. 2). Imago.

Maldonado, J. L. (2002). Sobre la patología del alcoholismo y la drogadicción en la experiencia psicoanalítica. In R. J. Moguillansky (Org.), *Escritos clínicos sobre perversiones y adicciones*. Lumen.

McDougall, J. (1989). O antianalisando em análise. In J. McDougall, *Em defesa de uma certa anormalidade: teoria e clínica psicanalítica*. Artes Médicas.

McDougall, J. (1992). A neo-sexualidade em cena. In J. McDougall, *Teatros do eu: ilusão e verdade no palco psicanalítico*. Francisco Alves.

McDougall, J. (1997). Os desvios do desejo. In J. McDougall, *As múltiplas faces de Eros: uma exploração psicanalítica da sexualidade humana*. Martins Fontes.

Marty, P. (1993). *A psicossomática do adulto*. Artes Médicas.

Marty, P., & M'Uzan, M. (1994). O pensamento operatório. *Revista Brasileira de Psicanálise, 28*(1), 165-174.

Meltzer, D. (1979). *Estados sexuais da mente*. Imago.

Stoller, R. J. (1986). *Perversion: the erotic form of hatred*. Karnac.

Rosenfeld, H. A. (1978). Fenómenos transferenciales y análisis de la transferencia en un caso de esquizofrenia catatónica aguda. In H. A. Rosenfeld, *Estados psicóticos*. Hormé.

Rosolato, G. (1990). Estudo das perversões sexuais a partir do fetichismo. In J. Clavreul et al., *O desejo e a perversão*. Papirus.

2. A recusa do tempo[1]

> *Ouvi dizer a um homem instruído que o tempo não é mais que o movimento do Sol, da Lua e dos astros. Não concordei. Por que não seria antes o movimento de todos os corpos?*
>
> Santo Agostinho, *Confissões*

O mecanismo da *recusa* (*Verleugnung*), quando postulado por Freud, veio cobrir um campo que escapava do domínio do *recalcamento* (*Verdrängung*). Uma das razões pelas quais esse conceito tornou-se tão importante e operacional em psicanálise foi a possibilidade que trouxe de imprimir uma positividade à definição da perversão. Se antes esta ainda era definida, *grosso modo*, como formação decorrente da "ausência do recalque" (e daí o fato de a neurose ser "o negativo da perversão"), com a postulação da recusa ela pôde então vir a ser definida por si mesma, ganhando assim uma

---

[1] Publicado originalmente no livro *Perversão: variações clínicas em torno de uma nota só*, organizado por Cassandra Pereira França (Casa do Psicólogo, 2005, pp. 13-29).

positividade conceitual e tendo reconhecida a sua complexidade como fenômeno psíquico.

A recusa foi inicialmente pensada como *recusa da castração*. É assim que ela aparece nos artigos de Freud dos anos 1920 sobre o complexo de Édipo, reeditando, de modo mais acabado, a noção já expressa em 1908, no artigo "Sobre as teorias sexuais das crianças". Entretanto, o seu objeto vai se expandindo e torna-se possível – observando-se, por exemplo, o "Esboço de psicanálise", texto de 1938 – falar em *recusa da realidade*. Evidentemente, por "realidade" entende-se, então, uma ampliação da própria órbita da castração. Trata-se de uma concepção particular de realidade, que vem a ser, dito de maneira sucinta, aquilo que se opõe à realização do desejo.

Segundo Laplanche e Pontalis (1986), a recusa da castração é o protótipo e a origem das outras recusas da realidade. Mesmo reconhecendo que, para o sistema freudiano, trata-se essencialmente da *recusa da ausência do pênis na mulher*, admitem que o objeto mais amplo da recusa é "a realidade de uma percepção traumatizante" (p. 562).

Diferentemente do recalcamento, cujo objeto situa-se no interior do aparelho psíquico, a recusa tem por objeto uma *realidade exterior*. Discutindo o objeto da recusa, esses autores indagam se ele seria a realidade mesma ou a percepção da realidade, para sugerir que tal objeto é, em verdade, "uma teoria explicativa dos fatos". Assim, concluem que a recusa incide "fundamentalmente num elemento *básico* da realidade humana, mais do que num hipotético fato perceptivo" (p. 564).

Ora, esse elemento básico, não explicitado em sua natureza por Laplanche e Pontalis, pode significar, a meu ver, as condições primárias do pensamento, ligadas, de algum modo, às categorias básicas de espaço e de tempo – ou categorias *a priori* do conhecimento na filosofia kantiana –, necessárias, por sua vez, à estruturação de noções como ausência/presença, corpo, movimento, separação e processualidade. É assim que se torna possível, por exemplo, falar em *recusa da falta* nas adicções ou de *recusa da separação* em casos de pacientes *borderline*.

Para tanto, é evidente, não podemos circunscrever a recusa ao fenômeno da castração fálica, mas temos de admitir que se trata de um mecanismo defensivo precoce, do qual a criança lança mão já nos tempos que precedem o conflito edípico tal como descrito por Freud. Nesses momentos, encontra-se em funcionamento uma *recusa estrutural*, como a nomeia Myrta Casas de Pereda (1996), em oposição à *patologia da recusa*, que é a sua permanência como defesa básica para além dos tempos do conflito edípico, como ocorre na perversão.

A ideia de *recusa do tempo* que será exposta aqui, embora não diga respeito exclusivamente ao fenômeno da perversão, teve aí o seu ponto de partida. Foi justamente a partir da observação de determinados mecanismos presentes em pacientes perversos que formulei esta proposição. A recusa do tempo parece ocupar um lugar importante na dinâmica psíquica da perversão, assumindo uma configuração particular nesse quadro psicopatológico. Mediante outras formas ela se faz presente, também, em quadros como o da psicose em geral e de determinadas patologias caracterizadas por uma presença significativa da ansiedade. No autismo especificamente, como demonstra Bettelheim (1987), a recusa do tempo ocupa um lugar proeminente.

O conceito de *recusa*, portanto, surge em Freud atrelado à ideia específica de recusa da castração, mas vai ganhando outros contornos, especialmente quando referida à psicose.[2] Se no fetichismo –

---

2 Decio Gurfinkel (2000) é um dos autores que argumenta que, no caso da

modelo teórico prototípico da perversão em geral – é a castração o objeto precípuo da recusa, na psicose ele se amplia em direção à realidade *lato sensu*. A recusa comporta, portanto, vários objetos, o que lhe confere faces variadas que, todavia, não lhe retiram a unidade conceitual.

Bernard Penot (1992) tratou das "figuras da recusa", levantando diversas das suas possibilidades de funcionamento. Maria Helena Fernandes (1999), por sua vez, falou em *recusa do corpo*, ideia que foi uma das fontes que me levaram a pensar naquilo que estou chamando de *recusa do tempo*. Tratando de pacientes que apresentavam enfermidades somáticas, Fernandes observou em alguns deles um fenômeno a que chamou de *recusa da realidade dos sinais somáticos*, o que considerou uma das faces da *Verleugnung* freudiana. Essa recusa se daria por uma "surdez" em relação a sinais somáticos, que poderia chegar a uma intensidade francamente psicótica. Em alguns pacientes, observa a autora, "uma doença poderia apresentar períodos mais ou menos longos de silêncio, durante o qual nenhum sintoma era detectado e assim nada atestava a existência de um processo mórbido" (pp. 44-45). Possivelmente, nesses pacientes, o que se encontra em jogo como objeto da recusa seria "um fantasma de indestrutibilidade do corpo, como se o sujeito se recusasse a ver-se como vulnerável" (p. 47). Haveria um sentimento de onipotência a ser sustentado contra a própria realidade somática.

Essa ideia faz sentido não apenas no caso dos pacientes somáticos descritos por Fernandes, mas também quando estendida a determinados fenômenos observados na perversão. Em outras oportunidades (Ferraz, 2000a, 2000b), descrevi o caso de um paciente que preenchia todos os quesitos daquilo que, em psicanálise,

---

psicose, diferentemente do fetichismo, não é possível manter a ideia da centralidade da castração.

convencionou-se chamar de "perversão". Pois bem, impressionava-me a intensidade com que ele tratava de recusar sinais que partissem de seu corpo, desde que fossem sinais indicativos dos limites do funcionamento corporal ou da *falibilidade* do corpo, os quais, para mim, bem poderiam ser tomados como representantes ou derivados da castração, na medida em que esta assinala a insustentabilidade da onipotência.

André, como chamei o paciente, entregava-se a uma dura jornada de trabalho mesmo após ter passado uma noite toda em busca de aventuras sexuais. Suas sessões analíticas ocorriam logo no início da manhã; pois bem, ele ali comparecia após uma noite praticamente insone, depois de já ter feito mais de uma hora de ginástica, ter-se barbeado e vestido a rigor para o seu dia de trabalho, que seria longo e, por vezes, se estenderia até tarde da noite. Quando doente, às vezes com febre, não mudava nada em sua rotina: mantinha as reuniões de trabalho, as viagens e a feérica busca de parceiros sexuais noite adentro.

Uma das diversas aproximações de Freud da noção de recusa – antes de formulá-la com clareza no texto sobre o fetichismo – esboçou-se, a meu ver, no belo texto "Sobre a transitoriedade" (1916/1980). Freud ali fala do sentimento de inconformismo de um amigo poeta com quem empreendera uma caminhada num dia de verão. O poeta sentia-se perturbado pelo fato de que toda a beleza natural de que podiam fruir naquele dia estivesse fadada à extinção quando o inverno chegasse, assim como também um dia deixariam de existir "toda a beleza humana e toda a beleza e esplendor que os homens criaram ou poderão criar" (p. 345).

O poeta parecia apresentar um sentimento melancólico ante o fato de que, afinal, tudo está fadado à transitoriedade; inevitável supor que a própria existência está aí compreendida, senão que é a sua finitude o objeto mesmo da dor do poeta (e da humanidade, acrescentaria eu), deslocado para a beleza da natureza da arte. E tal sentimento penoso, prossegue Freud – em uma franca definição do que viria a ser mais tarde em sua obra a *dissociação* (*Spaltung*) do ego –, dá ensejo a dois impulsos diferentes (e opostos, se poderia acrescentar) na mente: "um leva ao penoso desalento sentido pelo jovem poeta, ao passo que o outro conduz à rebelião contra o fato consumado" (p. 345). A "exigência de imortalidade", como produto do desejo, não pode "reivindicar seu direito à realidade", sustenta Freud. No entanto, ela persiste no mundo mental como fruto da recusa, pode-se dizer...

No paciente de que falei anteriormente, havia uma instigante articulação entre *corpo* e *tempo*. Assim como recusava o corpo em sua faceta que lembrava a falibilidade (doença, cansaço, dor, envelhecimento, perda da beleza e morte), recusava o tempo exatamente no seu aspecto indicativo do envelhecimento. Tanto é que, na primeira entrevista para a análise, André, então com 30 e poucos anos, conta-me de sua vida sexual promíscua, com um número enorme de parceiros, para em seguida dizer que o que o angustiava era o fato de *o tempo estar passando* e ele prosseguir sem ter ninguém que fosse para si um objeto de afeto significativo.

Ora, qualquer relação com a história de Dorian Gray, de Oscar Wilde, não é mera coincidência. O desespero desse personagem diante da perspectiva de envelhecimento é ao mesmo tempo algo particular na intensidade e universal na essência. A semelhança entre Dorian Gray e o paciente André não escapou a Joyce Freire (2000), que vê a trama de Oscar Wilde desenrolar-se exatamente diante do fenômeno da "implacabilidade do tempo", levando seu personagem "a fazer negociatas com o imponderável e imaginar que poderia burlar... a *falibilidade* do corpo" (p. 118). Ora, essa recusa do envelhecimento, enquanto recusa do tempo encarnado no próprio sujeito, sabemos, tem seu correlato na recusa do tempo encarnado no objeto, que aparece frequentemente no descarte dos parceiros que vão envelhecendo, situação socialmente bastante comum, especialmente nos homens.

Esse horror ao envelhecimento é um fenômeno mais do que entranhado na chamada "normalidade" cultural, que apenas adquire ares de patologia quando levado a extremos, como no caso de Dorian Gray... Os disfarces da idade, tão corriqueiros e normais,[3] são parte de uma linha contínua que, ao adentrar o terreno da perversão, pode transformar-se em outras modalidades correlatas de substituição do autêntico pelo falso, como expressão da troca do genital pelo anal, quando este vem sobrepujar o primeiro sob a forma de uma certa "ideologia psíquica" perversa. É neste ponto que podem surgir, entre outras formações, o "fetiche pela prótese" (idealização do falso), como afirma Chasseguet-Smirgel (1991).

No que toca à recusa do tempo na perversão, de modo mais específico, encontrei em dois autores fundamentos bastante consistentes para defini-la. São eles Georges Lanteri-Laura (no livro *Leitura das perversões*) e Janine Chasseguet-Smirgel (no livro *Ética e estética da perversão*). Vejamos como cada um deles trabalhou essa ideia.

Lanteri-Laura (1994) afirma que há na perversão uma negação do tempo e da morte, expressa em uma fixação na pré-genitalidade. Para tanto, ele reúne, em sua concepção de perversão, momentos diferentes da teorização freudiana sobre essa formação psíquica, a saber, aquela inicial, dos "Três ensaios sobre a teoria da sexualidade" (1905/1980), e aquela final, do artigo "Fetichismo" (1927/1980). Assim, ao mesmo tempo que fala da perversão como "parada de desenvolvimento" libidinal, toma o fetiche como o próprio *produto* dessa parada.

---

3 Alcimar Lima (2006) afirma: "A não-aceitação da velhice, a explosão desmesurada do botox, as cirurgias plásticas sem fim, são tentativas de reter o movimento do tempo. É um sintoma mortífero de nossa época" (p. 17).

Segundo Lanteri-Laura, pode-se falar em fetiche fora da perversão. Mas, enquanto o fetiche do sujeito "normal" (*sic*) aproxima-se da genitalidade e não assume exclusividade na vida sexual, no caso do fetichista, ao contrário, ele é exclusivo e está longe da genitalidade. Descartando uma caracterização da perversão por meio de um ou outro comportamento sexual específico, o autor retoma, contudo, um conhecido raciocínio de Freud presente nos "Três ensaios", que concerne à exclusividade de um dado componente da sexualidade, enfatizando o seu aspecto de fixação *no tempo*:

> *A perversão é marcada, pois, não por este ou aquele comportamento, já que muitos deles existem como elementos diacrônicos e provisórios do prazer preliminar, mas pela eleição absoluta de um momento e por sua exclusão do encadeamento erótico: ele determina o orgasmo, em vez de aumentar a excitação, e prevalece por si só, em vez de participar de uma diacronia. Persiste, apesar de tudo, o fato de que os sujeitos normais fazem a mesma coisa, mas não se comprazem com isso e vão adiante.* (pp. 76-77)

O perverso desconhece a hierarquia dos estágios libidinais. Os elementos pré-genitais, não se subordinando à genitalidade, sofrem um processo de fixação cujo significado não é apenas o de fixação a uma forma de obtenção de prazer, mas também e sobretudo a um *momento* do desenvolvimento psicossexual, o que reafirma a sua qualidade eminentemente *temporal*. Não participar de uma diacronia significa, assim, incluir os elementos pré-genitais em um regime de "anacronia", se é que podemos assim dizer. Eis então o caráter de "parada" que se afirma na fixação rígida.

Lanteri-Laura vai mais longe, indicando que no fim desse trajeto da recusa o que se encontra é a própria morte:

> *As perversões aproximam-se da morte, na medida em que desconhecem a temporalidade: como denegação de um encadeamento, preferência atribuída a um instante eternizado e recusada ao desenvolvimento no tempo, elas se situam no extremo oposto da vida, não apenas por serem biologicamente estéreis e não gerarem ninguém, mas principalmente por provirem da negação do tempo. (p. 78)*

A não evolução da organização libidinal, como já propunha Freud, é fundamentalmente, então, uma *exclusão da temporalidade*. A fixação em um certo comportamento e a sua repetição sem fim são, desse modo, *expressão* dessa exclusão.

Se na recusa estrutural (Pereda, 1996) a exclusão da temporalidade pode ser vista como um momento evolutivo, na patologia da recusa ela assume outro caráter; continuemos com Lanteri-Laura:

> *Exclusão da temporalidade: essa ocorrência já não é, como na criança, um momento na evolução da sexualidade, e sim um ponto final que se irá repetindo, mas não se transformará em nada diferente. Assim encontramos, mais uma vez, o cisma e a morte: cisma, porque o perverso separa um processo do conjunto das condutas eróticas, e morte, porque o tempo é excluído e nada mais se transforma em outra coisa. (p. 79)*

Janine Chasseguet-Smirgel (1991), por sua vez, ao caracterizar a prática sexual do perverso, fala de uma espécie de atividade "fora do tempo". Seu ponto de vista sobre essa questão, portanto, não difere em essência daquele de Lanteri-Laura. Lançando mão do recurso à disposição biológica peculiar a cada momento do desenvolvimento, ela vincula a atividade erótica pré-genital, no tempo da infância, à proeminência da zona erógena em questão. A fixação na perversão do adulto seria, assim, um anacronismo:

> Não nos parece certo não considerar o que Freud, num adendo de 1915, chama de o fator tempo. Realmente, o interesse da criança pela atividade da sucção ou da defecação, a obtenção do prazer que ela tem com isto, é correlativo à sua disposição biológica. Existe coincidência temporal entre sua aptidão psicológica e a obtenção do prazer que ela encontra em sua atividade e que ela irá procurar logo por si mesma. Por outro lado, este sincronismo não existe no adulto perverso, que continua nas suas satisfações aparentemente anacrônicas que, pode-se dizer banalmente, "não são mais para a sua idade". (p. 34, grifos do original)

A recusa do tempo, assim, vai ganhando diversas e sucessivas expressões. A sua manifestação por meio da fixação significa, mais diretamente, uma recusa da evolução libidinal ou da "mudança de fase". Mas a exclusão da temporalidade, como vimos, pode impregnar-se na imagem tanto do próprio sujeito como na de seu objeto, quando então temos uma recusa *encarnada*. É o caso tanto de Dorian Gray quanto de todos que recusam o passar do tempo consubstanciado no envelhecimento ou descartam seus objetos que trazem a prova da passagem do tempo indelevelmente marcada em seu corpo, como naquela piada corrente em que um sujeito diz que vai "trocar uma mulher de 40 anos por duas de 20".

Este elemento específico da recusa do tempo encarnado foi tratado por Chasseguet-Smirgel, de um modo peculiar, quando de sua abordagem do conflito edípico no perverso. À recusa da *diferença sexual* anatômica (Freud), ela justapõe uma outra recusa, para ela tão fundamental quanto a primeira, que é a recusa da *diferença geracional* (e etária, portanto). Trata-se, no fundo, do entrincheiramento das pulsões no cenário incestuoso, mostrando como muitas das atividades sexuais do perverso encenam uma não adesão ao pacto que prevê a renúncia libidinal ao objeto familiar, como mostrou Joyce McDougall (1989, 1992, 1997) em diversas ocasiões.

Até aqui estamos falando da recusa do tempo no universo mais particular da perversão. No entanto, partindo da observação clínica, é possível localizá-la em diversos outros quadros psicopatológicos, aí incluída a própria "normalidade", se acaso houvesse algo a que pudéssemos assim chamar. Sem pretender esgotar as formas da recusa do tempo que se encontra na clínica, mencionarei, além da perversão, a sua presença em casos de pacientes *borderline*, em determinados quadros de ansiedade e na psicose, particularmente no autismo. Além disso, poderíamos lembrar também da *luta* contra o tempo que se estabelece em alguns rituais dos neuróticos obsessivos, mas aí já não caberia falar propriamente em recusa, e sim numa espécie de defesa neurótica. Essa questão, entretanto, foge ao nosso foco momentâneo.

No perverso, a prevalência da recusa sobre o recalcamento no funcionamento psíquico deve ter sua origem nas lutas psíquicas travadas em torno do conflito edípico. O congelamento do sujeito em um determinado momento de seu desenvolvimento se deve ou ao terror de se avançar para um estágio posterior, ou ao excesso de gratificação em um determinado estágio, que acabe por indicar à criança que não lhe seria proveitoso o caminho para a frente.

Chasseguet-Smirgel (1991) afirma que a sedução da mãe pode desencorajar o desenvolvimento da criança ao anular seu *desejo de tornar-se grande*, o que provoca um estancamento da libido e sua paralisação em um *momento do tempo*. Esta talvez seja a dinâmica típica da perversão, quando a recusa do tempo terá como corolário a formação do sintoma sexual, *acting* cujo argumento inconsciente a ser encenado é a tentativa de provar que a castração não existe, bem como não existem as diferenças sexual e geracional, a segunda incidindo particularmente sobre o fator tempo.

Em determinados quadros de ansiedade, observa-se uma outra forma de sofrimento ligado ao tempo, mais ruidoso do que a que vimos na perversão. Alguns pacientes, patologicamente impacientes, não toleram nenhuma forma de espera; às vezes apresentam até mesmo uma espécie de "pânico" diante da *processualidade*, isto é, diante da necessidade de sujeitarem-se ao imperativo inelutável da passagem do tempo.

Uma paciente que tive – cuja atividade consistia na elaboração de projetos gráficos – não conseguia mais trabalhar em razão da ansiedade que sentia não no momento da elaboração dos seus projetos, mas na etapa posterior, isto é, na fase de produção. Saber que uma tarefa teria de ser realizada, para a seguir iniciar-se uma outra subsequente – e assim por diante, até que a obra estivesse concluída – era-lhe tão penoso que ela se viu impossibilitada de aceitar qualquer proposta profissional.

Frequentemente tinha devaneios em que imaginava aparelhos que a libertariam da espera: objetos construídos em segundos, meios de transporte mágicos que a conduzissem de um lugar para outro sem a necessidade de dispêndio de tempo para o deslocamento etc. Suas crises de irritação quando era obrigada a esperar por alguma coisa – quando o trânsito não fluía bem, por exemplo – levavam-na a recorrer a medicamentos. Os psiquiatras que a atendiam ora diagnosticavam um transtorno do pânico, ora uma distimia.

Na análise, foi ficando claro o papel crucial que o *fator tempo* exercia sobre seu mal-estar. Diante da peculiar demora do processo analítico, ela às vezes me perguntava se eu não poderia "ganhar tempo" conectando em sua cabeça um aparelho que me fornecesse todos os seus sonhos, à maneira desses aparelhos que medem a pressão arterial constantemente, durante um dia inteiro. Ela sofria com o fato de ser necessária "uma sessão após a outra".

No caso de certas formas de ansiedade, portanto, não há propriamente uma *recusa* do tempo, mas uma espécie de luta compulsiva contra ele. É exatamente o fracasso da recusa – ou sua impossibilidade – que conduz a uma ansiedade desesperada, que pode ter como último fulcro o terror à morte. Nesses casos, o fator tempo assume a face do que chamo aqui de *processualidade* – sucessão de etapas no tempo –, que passa então a ser o objeto ansiogênico.

Diga-se de passagem, a forma de acesso à categoria *tempo* na ontogênese é, por excelência, a aquisição desse sentido de processualidade, isto é, da passagem do tempo, da sucessão de fatos e, principalmente, da necessidade ineluvável do encadeamento de ações ("tijolo por tijolo", como se diz em língua corrente). Na psicanálise freudiana a tolerância à processualidade, envolvendo espera e adiamento, já estava na base do processo secundário, sendo que a noção de temporalidade necessária à sua aquisição provinha da experiência de descontinuidade contida na série frustração-satisfação.

Os problemas relacionados ao fator tempo nos pacientes ansiosos ganham ainda maior dramaticidade nos distúrbios *borderline*. A intolerância à espera, por exemplo, pode nesses casos remeter-se ao próprio comprometimento do processo secundário, para o qual a integração do fator tempo no conjunto de requisitos para o desenvolvimento psíquico é fundamental. Luís Carlos Figueiredo (2004) trata desse problema, lembrando que, no teste de realidade, o objeto de suspensão é precisamente o tempo de resposta. Assim, a renúncia à satisfação tem o significado de satisfação futura, num outro tempo em cuja existência o sujeito deve confiar:

> *O teste de realidade, conforme Freud já assinalava, comporta uma temporalidade: é necessário tempo de suspensão de resposta para que se efetue o confronto entre fantasia e realidade percebida, bem como a renúncia à satisfação imediata só ocorre com base na esperança de uma satisfação futura, mesmo que imperfeita. Tanto a suspensão da descarga como a esperança implicam o tempo: "não agora, daqui a pouco, daqui a pouco quando eu puder ver de outro ângulo, daqui a pouco quando uma comparação for possível, mais tarde quando eu tiver crescido, no futuro, quando eu for mais apto...". É o senso de realidade que conforma este espaço e tempo ampliados e multifacetados dentro dos quais se situam os lugares e os momentos que dão aos testes de realidade uma perspectiva temporal e permitem que eles se desdobrem em um processamento contínuo da realidade. É a triangularização edípica, no que contém de inclusão na exclusão e continuidade na diferença, que cria as condições propícias para a instalação do senso de realidade em suas dimensões espaciais e temporais. (p. 514)*

A instalação do senso de realidade, então, passa necessariamente pela aquisição da temporalidade e da espacialidade, categorias *a priori* para a estruturação de todo pensamento e do acesso aos demais objetos compartilhados, ou seja, à própria *objetividade* – que vem a ser a base para o pensamento científico, como afirma Winnicott (1978). A falha na formação da objetividade, que mantém o sujeito exposto à onipotência da fantasia (subjetividade), é a raiz da formação das psicoses.

A recusa do tempo significa, pois, a supressão de um elemento básico e necessário à organização de todos os demais fenômenos que conduzem ao estabelecimento da prova de realidade. Recusar o tempo é recusar o princípio de realidade na sua própria estrutura formal; daí a radicalidade de tal recusa.

Kant (1781/1980) já definia o tempo como uma "representação necessária subjacente a todas as intuições". É nesse sentido que o tempo seria dado *a priori*, visto que somente *nele* torna-se possível toda a realidade dos fenômenos: "os fenômenos podem cair todos fora, mas o próprio tempo (como a condição universal da sua possibilidade) não pode ser supresso" (p. 44). O tempo é, assim, condição formal para o acesso tanto aos fenômenos internos como para os externos:

> *O tempo é a condição formal* a priori *de todos os fenômenos em geral. . . . Na verdade, [o tempo é] a condição imediata dos fenômenos internos (das nossas almas) e por isso mesmo também mediatamente a dos fenômenos externos. Se posso dizer* a priori: *todos os fenômenos externos são determinados a priori no espaço e segundo as relações do espaço, a partir do princípio do sentido interno posso então dizer universalmente: todos os fenômenos em geral, isto é, todos os objetos dos sentidos, são no tempo e estão necessariamente em relações de tempo.* (p. 46)

Winnicott (1978) mostra como, no curso do desenvolvimento infantil ainda precoce, o bebê começa a adquirir, entre outras noções, o sentido do tempo, isto é, de anterioridade e posterioridade.

Para demonstrar uma falha nesse processo, ele conta a história de um menino que, aos 9 anos de idade, pergunta se o irmãozinho, que está para nascer, nascerá *antes* dele. Desse modo, para certos psicóticos, o sentido do tempo pode ser bastante inconsistente. A integração *no* tempo permitirá, no entender de Winnicott (1987), o domínio da ansiedade. Antes que o bebê possa ter seu senso de temporalidade pessoal, é a mãe quem se encarrega da manutenção da "marcha do tempo", funcionando, dessa forma, como um "ego auxiliar".

No autismo, o problema do tempo ganha contornos mais graves, como aponta Bruno Bettelheim (1987). Comentando o caso de Joey, paciente autista de Bettelheim, Arcangioli e Veney-Perez (2001) abstraem de sua teorização do autismo a ideia de que neste caso, "em estreita ligação com o espaço, instaura-se uma organização do tempo que atende a necessidades defensivas de caráter vital" (p. 126). O afastamento da temporalidade tem como finalidade, então, afastar a ameaça de destruição da própria vida, que é sentida como perigo iminente. Daí a necessidade imperiosa de "cristalizar o tempo", a fim de que a destruição não possa, enfim, acontecer: "É através de sequências de comportamentos repetitivos que a criança detém o escoar do tempo. Assim, ela age como um condenado à morte que fumasse eternamente o último cigarro. Para deter o tempo, a criança autista tem que viver num universo imutável; essa é a principal coerção a que fica sujeita" (pp. 126-127).

A problemática da temporalidade, como vimos, possui diversas faces e, sobretudo, diversos graus de gravidade. Na neurose e em certos quadros de ansiedade, talvez seja melhor falar em uma "luta" contra o tempo, expressa por meio da formação de sintomas, que simbolizam o conflito em maior ou menor grau. No *borderline*, a luta contra a temporalidade infiltra-se nos *comportamentos*, produzindo como sintoma a própria descarga que se efetua por meio do *acting out*. Na perversão, podemos falar de *recusa do tempo* propriamente dita, que resulta na fixação libidinal e na montagem da cena sexual cujo argumento é a não existência da castração e, por conseguinte, da diferença etária e geracional. No caso do autismo, há um comprometimento da própria estruturação da realidade (aí incluída a temporalidade como dimensão fundamental), com falha no processo de integração da personalidade. A temporalidade, assim, não estaria recusada, mas suprimida, num processo mais próximo da *rejeição* (*Verwerfung*).

Para além da psicopatologia, entretanto, é fato mais que sabido que o fator tempo está no âmago da angústia humana em geral. O medo do envelhecimento e da morte é apenas a ponta deste enorme *iceberg*, cujo "umbigo" está no narcisismo inerente ao homem, que sempre impregnou a visão do mundo e a explicação que a humanidade arranja para os fenômenos que a afligem. O homem sempre se quis senhor da natureza, e o seu triunfo sobre a passagem do tempo foi sempre algo sonhado. A inelutabilidade do tempo, no entanto, sempre foi fonte de angústia e do sentimento de impotência.

Até mesmo a ciência teve de reverter o pressuposto *a priori* da posição do sujeito "observador" como invariante diante de todos os fenômenos. Esse pressuposto, francamente narcisista, teve de ser derrubado pela física. Do mesmo modo, a humanidade criou esquemas explicativos que foram caindo por terra com o progresso da ciência. Freud (1917/1980) demonstrou como o narcisismo humano esteve presente nas teorias do geocentrismo, do etnocentrismo e do egocentrismo, impregnando assim a física, a biologia e a psicologia, respectivamente.

Mas, como sempre ocorre, é a arte que absorve e expressa de modo mais preciso as agruras da vida humana. Poderíamos citar inúmeras passagens da literatura que fazem alusão à angústia que se articula com o tempo e às defesas que se criam para combatê-la.

Seleciono aqui um poema de Catulo da Paixão Cearense, intitulado "O trem de ferro" (1946/1971), que trata, a meu ver, do problema central da passagem do tempo para o homem, desnudando o seu sentido encoberto e a defesa que se cria contra a percepção desse sentido.

O poema descreve uma cena em um trem de ferro, no qual um menino, olhando pela janela, vê tudo passar: "As montanhas, os montes,/ os horizontes, o matagal cerrado,/ os penedos, os rochedos, os arvoredos.../ Tudo a correr com a rapidez do vento tresloucado". Ele pergunta ao pai, então, para onde tudo aquilo estava correndo. Os outros passageiros, ao ouvirem a pergunta, caçoam do seu engano. Naquele momento, um dos passageiros, que era poeta, levanta-se e dirige-se a todos eles, censurando sua atitude e replicando:

> *E vós, ó meus senhores,*
> *– os cientistas, os sábios, os doutores –*
> *caís no mesmo engano lisonjeiro,*
> *pois, afinal, todos nós nos enganamos,*
> *quando, todos os dias, exclamamos:*
> *– "Como é que o tempo passa tão ligeiro!"*
> *E nós é que passamos! (p. 19)*

Referências

Arcangioli, A.-M., & Veney-Perez, M.-C. (2001). Um caso de B. Bettelheim: Joey ou o autismo. In J.-D. Nasio (Org.), *Os grandes casos de psicose*. Jorge Zahar.

Bettelheim, B. (1987). *A fortaleza vazia*. Martins Fontes.

Cearense, C. P. (1946/1971). O trem de ferro. In R. M. Ferreira (Org.), *Estudo dirigido de português*. Ática.

Chasseguet-Smirgel, J. (1991). *Ética e estética da perversão*. Artes Médicas.

Fernandes, M. H. (1999). A hipocondria do sonho e o silêncio dos órgãos: o corpo na clínica psicanalítica. *Percurso, XII*(23), 43-52.

Ferraz, F. C. (2000a). *Perversão*. Casa do Psicólogo.

Ferraz, F. C. (2000b). A possível clínica da perversão. In L. B. Fuks, & F. C. Ferraz (Orgs.), *A clínica conta histórias*. Escuta.

Figueiredo, L. C. (2004). Os casos-limite: senso, teste e processamento de realidade. *Revista Brasileira de Psicanálise, 38*(3), 503-519.

Freire, J. G. (2000). Uma clínica para a perversão. *Percurso, XIII*(25), 117-118.

Freud, S. (1905/1980). Três ensaios sobre a teoria da sexualidade. In S. Freud, *Edição Brasileira das Obras Psicológicas Completas de Sigmund Freud* (Vol. VII). Imago.

Freud, S. (1908/1980). Sobre as teorias sexuais das crianças. In S. Freud, *Edição Brasileira das Obras Psicológicas Completas de Sigmund Freud* (Vol. XIX). Imago.

Freud, S. (1916/1980). Sobre a transitoriedade. In S. Freud, *Edição Brasileira das Obras Psicológicas Completas de Sigmund Freud* (Vol. XIV). Imago.

Freud, S. (1917/1980). Uma dificuldade no caminho da psicanálise. In S. Freud, *Edição Brasileira das Obras Psicológicas Completas de Sigmund Freud* (Vol. XVII). Imago.

Freud, S. (1927/1980). Fetichismo. In S. Freud, *Edição Brasileira das Obras Psicológicas Completas de Sigmund Freud* (Vol. XXI). Imago.

Freud, S. (1940[1938]/1980). Esboço de psicanálise. In S. Freud, *Edição Brasileira das Obras Psicológicas Completas de Sigmund Freud* (Vol. XXIII). Imago.

Gurfinkel, D. (2000). A clínica da dissociação. In L. B. Fuks, & F. C. Ferraz (Orgs.), *A clínica conta histórias*. Escuta.

Kant, I. (1781/1980). Crítica da razão pura. In *Os Pensadores*. Abril Cultural.

Lanteri-Laura, G. (1994). *Leitura das perversões*. Zahar.

Laplanche, J., & Pontalis, J.-B. (1986). *Vocabulário da psicanálise*. Martins Fontes.

Lima, A. A. S. (2006). O fluxo do tempo. In L. B. Fuks, & F. C. Ferraz (Orgs.), *O sintoma e suas faces*. Escuta/Fapesp.

McDougall, J. (1989). *Em defesa de uma certa anormalidade: teoria e clínica psicanalítica*. Artes Médicas.

McDougall, J. (1992). *Teatros do eu*. Francisco Alves.

McDougall, J. (1997). *As múltiplas faces de Eros: uma exploração psicoanalítica da sexualidade humana*. Martins Fontes.

Penot, B. (1992). *Figuras da recusa: aquém do negativo*. Artes Médicas.

Pereda, M. C. (1996). Recusa, seu efeito estrutural e sua dimensão patogênica. *Revista Brasileira de Psicanálise, 30*(3), 539-545.

Santo Agostinho (397-401/1980). Confissões. In *Os Pensadores*. Abril Cultural, 1980.

Winnicott, D. W. (1978). Desenvolvimento emocional primitivo. In D. W. Winnicott, *Textos selecionados: da pediatria à psicanálise*. Francisco Alves.

Winnicott, D. W. (1987). O desenvolvimento da capacidade de envolvimento. In D. W. Winnicott, *Privação e delinquência*. Martins Fontes.

3. "Gnosticismo" perverso e "religião" obsessiva: considerações sobre o estatuto do ato[1]

Os esquemas comparativos entre as diversas categorias psicopatológicas são frequentes na literatura psicanalítica. As descrições diferenciais têm o poder de aclarar a especificidade de cada campo e, ao mesmo tempo, explorar suas interfaces. É assim que a histeria ora é comparada à perversão, ora à neurose obsessiva, e assim por diante.[2] O próprio Freud foi o primeiro a fazê-lo, ainda bastante precocemente, quando, na carta de 24 de janeiro de 1897 a Fliess (Masson, 1986), afirma que a histeria é o "negativo da perversão", conclusão que viria a se converter em uma das mais conhecidas máximas da psicopatologia psicanalítica.

---

1 Publicado originalmente no livro *Obsessiva neurose*, organizado por Manoel Tosta Berlinck (Escuta, 2005, pp. 125-149), com o título "A 'religião particular' do neurótico: notas comparativas sobre a neurose obsessiva e a perversão".
2 Sobre a comparação da perversão com a histeria, ver o último capítulo do livro *Hysteria*, de Christopher Bollas (2000); sobre a comparação da perversão com a neurose obsessiva, ver o artigo "Problemática obsessiva e problemática perversa: parentesco e divergências", de Roger Dorey (2003).

Em 1905, nos "Três ensaios sobre a teoria da sexualidade", esta afirmação é refeita. Todavia, aí já não é mais apenas a histeria que figura como o negativo da perversão. A menção agora é feita às neuroses no plural, ou seja, tomadas em seu amplo espectro: "as neuroses são, por assim dizer, o negativo da perversão", diz agora Freud (1905/1980, p. 168). Assistimos, pois, a uma generalização que daria margem à consideração das outras modalidades de psiconeuroses também como negativos da perversão, ente elas, naturalmente, a neurose obsessiva.

Pois bem, o foco deste trabalho será a comparação de certos aspectos da neurose obsessiva com a perversão, procurando desenvolver uma linha de raciocínio proposta separadamente por Guy Rosolato (1990) e Janine Chasseguet-Smirgel (1991). Alguns dos aspectos necessários à demonstração da sentença freudiana mencionada são, a meu ver, mais claramente encontrados em uma confrontação da perversão com a neurose obsessiva do que na sua comparação com a histeria, por um conjunto de razões que virão à tona a seguir.

Na carta de 24 de janeiro de 1897 a Fliess, Freud (citado por Masson, 1986) mostrava interesse pelo simbolismo das bruxas, especialmente em sua ligação com o universo anal. Dizia estar interessado em ler o *Malleus Maleficarum*[3] a fim de compreender a lógica dos métodos utilizados pelos inquisidores da Idade Média. E confessava estar sonhando com uma "religião demoníaca primitiva, com ritos praticados em segredo" (p. 228). Ao proceder assim, seu intento teórico era mostrar que, na perversão, estamos diante

---

3 O *Malleus Maleficarum* ("Martelo das bruxas"), escrito por Kramer e Sprenger e publicado em 1484, tornou-se uma obra célebre da doutrina demonista. Serviu de instrumento para a orientação dos inquisidores, ensinando-lhes a detectar os possuídos pelo demônio ou quem com ele compactuava (Pessotti, 1994).

de algo como "um remanescente de um culto sexual primitivo", semelhante ao que acontecia outrora numa religião do Oriente semita (Moloch e Astarte). Foi essa ideia, que precedia toda a sistematização teórica sobre a perversão em sua obra, que veio a inspirar Rosolato (1990) e Chasseguet-Smirgel (1991) na caracterização que fizeram da perversão e, para além disso, na sua comparação com a neurose obsessiva.

Antes de prosseguirmos nos detalhes dessa comparação, todavia, convém lembrar ainda mais uma passagem de Freud. Em 1907, no texto "Atos obsessivos e práticas religiosas", ele deixou uma outra afirmação axiomática, emitida em estilo metafórico, e que talvez só não tenha se tornado tão célebre quanto a primeira por ser uma fórmula menos abrangente, aplicável apenas a uma das ramificações nosográficas das psiconeuroses. Ele dizia que "a neurose obsessiva parece uma caricatura, ao mesmo tempo cômica e triste, de uma religião particular" (1907/1980, p. 123). Ou, como foi dito de modo mais explicativo e abrangente no mesmo trabalho, "podemos atrever-nos a considerar a neurose obsessiva como o correlato patológico da formação de uma religião, descrevendo a neurose como uma religiosidade individual e a religião como uma neurose obsessiva universal" (p. 130).

Essa comparação da neurose obsessiva com a religião se fazia em razão do "cerimonial" que se verifica tanto na sintomatologia daqueles que "sofrem de afecções nervosas" como "nas práticas pelas quais o crente expressa sua devoção" (p. 121). Em ambos os casos os cerimoniais obedecem a leis, sejam gerais ou particulares. Quer nos rituais neuróticos, quer nos atos sagrados, observam-se proibições compulsivas e fortes escrúpulos de consciência (sentimento de culpa).

Além do mais, também em ambos os casos, os atos levados a cabo são prenhes de um sentido simbólico que expressa a experiência psíquica daquele que os realiza. Via de regra, a força da pulsão recalcada é vivida como uma tentação perigosa, contra a qual o sujeito deve cercar-se de *medidas de proteção*. Na neurose obsessiva os sintomas – ações obsessivas – são, assim, uma formação cujo objetivo é conciliar moções pulsionais antagônicas, vividas como forças que induzem a atos contraditórios.

Pois bem, nosso ponto de partida serão duas afirmações um tanto emblemáticas que recuperam, de certa maneira, o teor das sentenças freudianas. A primeira delas foi feita por Rosolato (1990): "Parece que a perversão está para a gnose assim como a neurose obsessiva está para uma religião de tradição ritualizada" (p. 39). A segunda, da autoria de Chasseguet-Smirgel (1991), diz o seguinte: "Se a neurose obsessiva é uma 'religião privada', a perversão é, então, o equivalente de uma 'religião do Diabo'" (p. 216).

Ambos os autores, retomando Freud, comparam a neurose obsessiva a uma religião e fazem da perversão, nesse sentido, seu oposto. Rosolato confronta essas duas categorias explorando a oposição entre *religião* e *gnose*. Já Chasseguet-Smirgel busca, para falar da mesma oposição entre perversão e neurose obsessiva, a antítese entre "religião do Diabo" – alusão que, de certo modo, pode endereçar-se também à gnose – e a religião propriamente dita, supostamente de Deus.

A história das religiões mostra como foi difícil para o cristianismo impor-se perante as seitas gnósticas que remanesciam da tradição grega, entre outras. Freud (1913/1980) diz, em "Totem e tabu", que "quando o cristianismo pela primeira vez penetrou no mundo antigo, defrontou-se com a competição da religião de Mitras[4] e, durante algum tempo, houve dúvida em relação a qual

---

4 O deus Mitras era representado nas esculturas, sozinho, matando um touro. Isso chamou a atenção de Freud (1913/1980), que vinha pensando que a civilização teria tido início no assassinato do pai primevo pelo conjunto dos filhos.

das duas divindades alcançaria a vitória" (p. 182). Sabemos por outras fontes que, de fato, muitas barreiras tiveram de ser erguidas contra as tendências gnósticas. E, *grosso modo*, seu correlato no plano ontogênico seriam as barreiras contra a sexualidade e a agressão que o homem civilizado – e, *a fortiori*, o neurótico obsessivo – teve de erigir. Trata-se das *medidas protetoras* de que Freud (1896/1972) já se dera conta nos "Novos comentários sobre as neuropsicoses de defesa".

Comecemos por examinar a afirmação feita *tout court* por Rosolato (1990), procurando explorar sua significação e dar-lhe uma amplitude um pouco maior. Parece-me que um dos elementos em que se funda tal comparação seria um aspecto essencial da gnose, que é o seu caráter de "contestação permanente da Lei, sem recurso à mediação" (p. 39). Nesse sentido, ela remete necessariamente à recusa (*Verleugnung*), mecanismo fundante da perversão. Seu oposto, a religião de tradição ritualizada, para constituir-se como tal, cedeu historicamente à proibição, como o obsessivo curvou-se ante o imperativo do recalcamento (*Verdrängung*).

Rosolato faz ainda uma ilação de caráter evolutivo, por assim dizer. Apoiado na história das religiões, diz que "uma religião só se afirma depois de ter tido de se libertar das correntes gnósticas, não sem antes ter sofrido sua atração, ter voltado a elas para certas inspirações e para sua evolução" (p. 39). Certamente, essa é uma proposição desenvolvimental, que situa a gnose em um plano filogênico anterior àquele da estruturação da religião de tradição ritualizada. No plano ontogênico, a mesma correlação poderia ser feita entre a perversão e a neurose obsessiva.

Freud deduz, então, que aquelas imagens de Mitras deviam simbolizar um filho sozinho sacrificando o pai, redimindo assim os irmãos da coautoria desse assassinato.

A gnose – ou gnosticismo – propõe como possível algo que é muito tentador: o conhecimento pleno da divindade e o acesso a ela. Por essa razão, de acordo com Umberto Eco (1987), a gnose não seria uma religião para escravos, como o cristianismo, mas para senhores. Os iniciados na gnose são detentores de um segredo do qual a massa não compartilha. E o segredo, como tal, confere a quem o detém uma posição de exceção.

Ora, é inevitável lembrar aqui de uma característica importante da perversão, que é a presunção de detenção do segredo do desejo sexual, assegurado pela execução da cena perversa da qual os comuns dos mortais ("normais") estão excluídos. Como afirma Joyce McDougall (1983), "imbuído da singularidade de sua identidade sexual, o desviante demonstra amiúde um sentimento de desdém em relação aos sexos 'simples', das pessoas que fazem amor à moda antiga – à maneira como o fazia o pai desprezado e diminuído" (p. 38). Um paciente perverso me dizia, após narrar sua noite de orgia, que, enquanto ele fazia tudo aquilo, eu, provavelmente, estava em casa assistindo à televisão de pijama.[5]

O termo *gnose* significa, literalmente, *conhecimento, sabedoria*. No sentido do gnosticismo, designa "conhecimento esotérico e perfeito da divindade" (Ferreira, 1986). Na tradição do racionalismo grego, *gnosis* designava o conhecimento verdadeiro do ser, em oposição à simples percepção (*aisthesis*) e à opinião (*doxa*) (Eco, 1987). O gnóstico, assim, além de ter a chave do contato direto com a divindade, almeja e supõe ter dela um conhecimento pleno. Não inibe sua curiosidade como o religioso cristão, nem é instado a alimentar o sentimento de impotência epistêmica diante de um Deus incognoscível e intocável.

---

5 Ver o caso clínico exposto no capítulo 3 do livro *Perversão* (Ferraz, 2000b).

De modo análogo, pode-se dizer que o perverso *sabe*, e por isso julga conhecer o segredo do prazer sexual, enquanto o neurótico obsessivo *duvida* e deve se furtar ao contato e ao prazer. Não por acaso, são essas mesmas posturas transferenciais que indicam na clínica a presença de uma perversão ou de uma neurose. No primeiro caso deparamos com uma posição de *desafio*,[6] enquanto no segundo encontramos um sujeito que se espreita diante do "suposto saber" do analista, para usar uma expressão da lavra lacaniana.

Na religião católica o pleno saber é vedado. Mais que isso: a presunção do saber é em si mesma um pecado. Deve-se crer na escritura e obedecer às restrições impostas por suas leis, mas sem o *saber*. Um exemplo prototípico dessa situação é o mistério da Santíssima Trindade, que pressupõe um Deus em três pessoas. Não se trata de algo a ser compreendido, cabe apenas crer e curvar-se ao imperativo de abnegação ante o saber. Afinal, segundo Santo Agostinho, seria tarefa mais factível colocar toda a água do oceano em um buraquinho da areia da praia do que entender o mistério da Santíssima Trindade. A gnose, ao contrário, segundo Rosolato (1990), "constitui uma espécie de estado de proliferação, de fermentação, em que a descoberta, a revelação, encontram um terreno propício e as condições necessárias à invenção que fundamenta o objeto sagrado ou estético" (p. 39).

Prosseguindo no paralelo e passando das considerações sobre o *saber* para as hipóteses sobre a natureza do *fazer* na perversão e na neurose obsessiva, Rosolato lembra que, assim como na

---

6 Donald Meltzer (1979) refere-se essa postura transferencial como *perversão da situação analítica*. Já R. Horacio Etchegoyen (2002), unindo os pontos de vista tanto da escola lacaniana (com referência ao mesmo artigo de Guy Rosolato que menciono aqui) como da kleiniana (com referência a Meltzer), propõe o conceito de *perversão de transferência*, descrito em paralelo com a *neurose de transferência* e com a *psicose de transferência*.

postura do gnóstico, "o perverso encontra-se ... bem situado para as inversões e as revoluções que fazem progredir as escolhas culturais". E prossegue na comparação com a neurose obsessiva: "Mas ao esforço obsessivo caberá estabelecer o detalhe das pesquisas, o procedimento da Lei e a obediência ritual, a fixação litúrgica e as pressões que impõem; a estrutura perversa sozinha pode perder-se em transformações contínuas, questionamentos e reformas ou nos acasos e veleidades de uma vida aventurosa e fulgurante" (p. 39).

Essa descrição do fazer do obsessivo em contraposição com o do perverso lembra-me diretamente um texto de Freud (1931/1980), tão sucinto quanto interessante, que é "Tipos libidinais". Ali Freud postula a existência de três tipos libidinais "puros" – o *erótico*, o *obsessivo* e o *narcísico* – e três tipos intermediários – o *erótico-obsessivo*, o *erótico-narcísico* e o *obsessivo-narcísico* – com o intuito de caracterizar o modo como cada um deles atua na cultura.

O tipo *erótico* se caracteriza por uma dependência em relação ao objeto, isto é, sua principal necessidade é a experiência de ser amado; o tipo *obsessivo* se caracteriza por sua dependência em relação ao próprio superego, o que o limita e o coloca como uma espécie de agente perpetuador da moral estabelecida; o tipo *narcísico*, por fim, é o mais independente, tanto em relação ao outro como em relação ao superego. Ele tende a ser visto como uma "personalidade" em seu meio, podendo assumir a condição de líder. É ele que se encontra mais apto a transgredir a norma vigente, tanto no sentido do ato heroico e corajoso quanto no sentido da liberação da destrutividade. Ou seja, o tipo narcísico pode se incluir em um espectro que vai do mais louvável herói ao mais abominável criminoso.

O tipo erótico, parece-me, aproxima-se mais do caráter histérico, enquanto a ação do tipo obsessivo, que recusa mudanças, assemelha-se ao "procedimento da Lei" e à "obediência ritual" de que fala Rosolato.[7] O tipo narcísico, aqui tomado como protótipo do *sujeito da recusa* (do perverso, portanto) encontra-se, como descrito por Rosolato para o perverso, bem situado para as "inversões e revoluções". No entanto, como lembrava Freud, esse espectro amplo do tipo narcísico contém um também amplo gradiente moral. Sua independência em relação ao outro e ao próprio superego pode transformá-lo tanto em herói como em criminoso. Portanto, um tipo narcísico intermediário – para ele o tipo *obsessivo-narcísico* – seria mais apto à tarefa da *construção da civilização*, como entendida em "O mal-estar na civilização" (Freud, 1930/1980).

Na descrição desses tipos pode-se entrever a contribuição que uma teoria da formação do caráter advinda de considerações psicopatológicas tem a dar para o estudo da ética individual. Curiosamente (mas nem tanto, se pensarmos na sua contemporaneidade), a filosofia moral de Bergson apresentou algumas ideias que coincidem com a ética dos *tipos libidinais* de Freud, especialmente no contraste existente entre o tipo obsessivo e o tipo narcísico. Em *As duas fontes da moral e da religião*, Bergson (1932/1979) faz uma distinção entre a *moral estática* e a *moral dinâmica*. Para ele,

> *há uma moral estática, que existe de fato, em dado momento, em dada sociedade. Ela fixou-se nos costumes, nas ideias, nas instituições; seu caráter de obrigatoriedade reduz-se, em última análise, à exigência pela natureza da vida em comum. Há, por outro lado, uma*

---

7   Jean Laplanche (1988) também reconhece como característica do obsessivo a "recusa das novas possibilidades", por ele compreendida como evitação de tensões, ou seja, "uma manutenção a qualquer preço da homeostase, visando evitar qualquer sobrecarga, mas também qualquer hemorragia libidinal" (p. 25). Essa recusa seria um dos aspectos da manifestação da morte psíquica no nível do eu.

> *moral dinâmica, que é impulso, e que se liga à vida em geral, criadora da natureza que criou a exigência social. (pp. 210-211)*

Para Bergson, dessa forma, a verdadeira consciência moral reside na moral dinâmica; ela se exprime propriamente por meio de uma obrigação transcendente e pode ser encontrada no herói e no santo. O herói, movido pela moral dinâmica, é um indivíduo inovador, que reúne condições de romper com os hábitos do grupo, criando, assim, novos valores morais. A moral estática, por sua vez, seria uma moral comum e cotidiana, limitada a hábitos coletivos socialmente exigidos, sem o caráter de obrigações transcendentes. Na verdade, ela se reduz à conformidade aos hábitos coletivos ou às necessidades sociais. Seu papel, em última instância, é o da manutenção do código moral vigente. Desse modo, a moral dinâmica, entendida como "moral da ruptura", opõe-se à moral conservadora, restrita ao objetivo da manutenção e da vigilância do código moral vigente, como aquela dos conformistas de Atenas que se indignavam com as lições de Sócrates.

Ocorre que o lugar do herói na cultura é reservado para os poucos que atingem condições de liderança. De acordo com Freud (1931/1980), os indivíduos do tipo *narcísico*, em razão de sua independência, não se abrem à intimidação. São líderes que podem se colocar acima da norma comum. E o rompimento que operam com o padrão comum de ação se daria por duas vias possíveis: pela "estimulação do desenvolvimento cultural" ou pela "danificação do estado de coisas estabelecido". Daí a conclusão de que herói e criminoso se irmanam no caráter transgressor, formulação que traz uma indagação sobre a diversidade dos destinos do narcisismo, que se colocam em um espectro bastante amplo. Assim, o tipo narcísico que pode contribuir positivamente para a civilização não deve ser um tipo narcísico "puro": há de ceder às considerações morais impostas pelo superego. Por essa razão então é que, para Freud, trata-se do tipo *obsessivo-narcísico*.[8]

A moral comum e cotidiana de Bergson, que se presta à manutenção do *status quo*, alinha-se ao tipo libidinal *obsessivo* de Freud, no qual predomina a ação do superego. Os indivíduos pertencentes a esse grupo pouco criativo foram considerados por Freud como "os verdadeiros conservadores da civilização": carregam, atreladas fortemente ao superego, as normas civilizatórias e são dominados pelo temor da consciência. São, desse modo, mais *morais* do que propriamente *éticos*, isto é, pautam-se por um código rígido introjetado, deixando ao ego pouca margem de atuação. E pouco podem dar de si próprios para o desenvolvimento da cultura: são, antes, fiéis reprodutores do estado de coisas que encontraram.[9]

Na ação do perverso sobre o mundo não haveria o gradiente representado pelo intermediário libidinal obsessivo ou erótico, no sentido estrito em que essas categorias aparecem no texto de Freud (1931/1980). As "inversões" e "revoluções" de que fala Rosolato estariam mais para a assunção de um poder comumente só outorgado à divindade do que para a evolução civilizatória de que fala Freud, ou o aperfeiçoamento de um padrão ético de que fala Bergson.

A ação de *mudança* a que se refere Rosolato, portanto, parece mais próxima da acepção dada por Nietzsche (1887/1978) a essa palavra em uma passagem de *Para a genealogia da moral*, em que

---

[8] Patrick J. Mahony (1991), recorrendo à classificação proposta por Freud em "Tipos libidinais", arrisca situar o "Homem dos Ratos" no padrão *erótico-obsessivo*. E isso talvez tenha sido a desgraça do paciente de Freud: incapaz de se libertar de seu poderoso superego, permanecia ainda em dívida com objetos do mundo externo (pai e mãe), ou seja, com dever de obediência interna e externa e sem a independência peculiar ao tipo narcísico.

[9] Trato mais detalhadamente desta questão no capítulo 6 ("Ética e caráter") do livro *A eternidade da maçã: Freud e a ética* (Ferraz, 1994).

trata exatamente do fenômeno da *má consciência* (seria a mesma que assalta o neurótico obsessivo como uma espécie de lembrança inconsciente de seu "crime"?). Para Nietzsche, seriam "a hostilidade, a crueldade, o gosto pela perseguição, pelo assalto, pela *mudança* e pela destruição" (p. 249, grifo meu) os elementos que se voltam contra o possuidor de tais "instintos", nele dando origem à *má consciência*, o que é incrivelmente parecido com as ideias de Freud sobre a formação e o caráter do superego.

O imperativo de "mudança" por si mesmo é inicialmente neutro sob o ponto de vista da ética. Tanto pode ser um aprimoramento da cultura – a construção da civilização, como propõe Freud (1930/1980) em "O mal-estar na civilização" – como sua destruição. A oposição, considerando-se os tipos libidinais narcísico e obsessivo, seria entre a possibilidade e a impossibilidade de operar mudanças.

Em outra oportunidade (Ferraz, 2001), tratando desse mesmo problema, propus que a aceitação de "qualquer coisa" como moralmente válida traduz-se em uma ideologia do "vale-tudo" que anula os fundamentos éticos do sujeito, que são partes integrantes de sua própria identidade. Perder a capacidade de se indignar, de tornar-se perplexo ou de manifestar dúvida moral é uma operação que acaba por solapar as identidades subjetiva e cultural das pessoas. Às vezes, os valores podem reduzir-se a pó em nome da futilidade da moda.

Proust (1918/1981) já observava a frivolidade mundana que fazia com que algo estivesse sempre mudando na sua França: à guisa de uma mudança de moda, banalizava-se o que era um valor verdadeiramente humano. Dizia Proust que, "semelhante aos caleidoscópios que giram de tempos em tempos, a sociedade coloca sucessivamente de modo diverso elementos que se supunham imutáveis e compõe nova figura" (p. 70). Essa mudança à qual ele se referia (perversão social?) não advinha de uma dinâmica crítica de reconsideração dos fatos sob novos paradigmas éticos, mas do cinismo que permitia as alterações na mais flagrante ausência de sustentação moral. Freud (1931/1980) não negligenciou esse problema, pois o agente da civilização era, pare ele, o tipo libidinal *obsessivo-narcísico*, um sujeito crítico capaz de promover a síntese entre seus valores e a necessidade de ação e de mudança.

Passemos agora às considerações sobre a comparação feita por Janine Chasseguet-Smirgel entre neurose obsessiva e perversão, a primeira sendo a "religião privada" do neurótico e a segunda, o equivalente de uma "religião do Diabo". Em Rosolato, a relação do sujeito com o *saber* e com o *fazer* esteve em evidência. Este não é o escopo privilegiado de Chasseguet-Smirgel, embora suas considerações também toquem incidentalmente nessa questão específica. Vejamos.

Chasseguet-Smirgel (1991), como Rosolato, recorre à história da religião e à gnose como fundamentos culturais de suas proposições de caráter ontogênico para a neurose obsessiva e a perversão. Assim, ela vê na gnose, a exemplo do que vê na perversão, "o desejo de roubar o lugar de Deus" (p. 223), impressão, aliás, corroborada por Umberto Eco (1987), que nela vê uma expressão cultural da condição psicológica de um sujeito (o homem do século II) para o qual "o mundo é fruto de um erro". Considerando-se um fragmento da divindade, o gnóstico pode retornar ao Deus criador imperfeito e contribuir para corrigir a falha original na criação do mundo. Ele se torna, dessa forma, uma espécie de "super-homem", pois a divindade só poderá recompor o seu rompimento original com a ajuda dele.

Essa forma de conceber a gnose explicitada por Umberto Eco será a própria base de sustentação do argumento de Chasseguet-Smirgel sobre o sentido do ato do perverso. Para demonstrá-lo, é necessário iniciar pelo duplo sentido do qualificativo "diabólico" que ela atribui à perversão.

Foi a partir do século IV que a figura de Lúcifer passou a frequentar a tradição cristã. Desde então, tornou-se personagem recorrente das heresias gnósticas, representando "o mestre e o modelo dos que se rebelam contra o Criador" (Chasseguet-Smirgel, 1991, pp. 216-217). Ora, o argumento perverso, por seu turno, passa pela semelhante ilusão de que ele, o perverso, pode se constituir como um ser autoengendrado, subjetiva e sexualmente. Esse autoengendramento da sexualidade não é outra coisa senão aquilo que Joyce McDougall (1992), de modo perspicaz, chamou de *neo-sexualidade*, invenção defensiva que tem a finalidade de manter intactos os limites do corpo e protegê-lo contra o retorno do sadismo primitivo, que pode transformar o autoerotismo em autoagressividade. A solução perversa consiste, essencialmente, na erotização dessa pulsão mortífera.

Pois bem, voltando a Lúcifer, temos que sua significação se desdobra em duas direções intercomunicantes: a idealização da analidade e um encorajamento do orgulho humano na rebeldia contra Deus. É a consideração simultânea dessas duas faces de Lúcifer (ou Satã) que permitirá a Chasseguet-Smirgel demonstrar a oposição entre lei e perversão e, mais que isso, a relação essencial entre a perversão e o *hybris* – violência, excesso, descomedimento, exagero –, que era, para os gregos, a própria representação do pecado.

A evocação do *hybris* conduz, primeiramente, a uma constatação mais direta, que é a existência de um ideal de profanação do sagrado na perversão, que permite, então, concebê-la como uma "religião do diabo", como na carta de Freud a Fliess de 1897. Em segundo lugar, permite uma exploração semântica do termo que, associado à perversão, desemboca nos seus sentidos de *mistura* e *hibridação*.

Na religião judaica, por exemplo, há inúmeras proibições e restrições ritualizadas, ligadas exatamente ao misturar. "Não cozerás o cabrito no leite de sua mãe", diz a Torá, numa proibição que nossa autora assimila à interdição edípica que impede a mistura (união) entre o filho e a mãe. Ora, o imperativo sadeano, sabe-se, é exatamente a mistura – a indiferenciação – com vistas à desconsideração da proibição do incesto, que se estende à recusa de toda e qualquer diferença sexual e geracional.[10]

Aqui nos aproximamos de mais um ponto relevante no diferencial entre o neurótico obsessivo e o perverso, que é exatamente a relação que cada um deles mantém com o par antagônico mistura/separação. As interdições são, por excelência, fundadas no princípio da divisão e da separação, como aparece nitidamente no mecanismo defensivo do isolamento na neurose obsessiva, ao contrário do que sucede na perversão. A imposição de proibições alimentares na história da religião pode ter sido, de acordo com Chasseguet-Smirgel, uma luta do monoteísmo judaico contra o paganismo, luta que, inicialmente de ordem externa, teria ganhado contornos intrapsíquicos.

Concluindo de modo bastante sintético, nossa autora dirá que "a proibição é um reflexo do conflito entre as formas matriarcais e as formas patriarcais da sociedade" (p. 218). É assim que a mistura da carne com o leite simbolizaria a fusão entre mãe e filho, com a exclusão do pai. Na neurose obsessiva a percepção do desejo, submetida ao recalque, conduz à formação oposta de um imperativo de *separação*. Embora o impulso sexual tenha uma gênese sádico-anal – e, nesse sentido, não difere do impulso perverso –, as técnicas defensivas são vigorosamente ativadas, dando origem, no

---

10 Era justamente no culto de Astarte, deusa do amor, da fertilidade e das colheitas (citado por Freud na carta a Fliess, junto com o culto de Moloch, como exemplo de "religião do diabo") que se cozinhava o filhote no leite de sua mãe.

plano físico, ao tabu de tocar, cujo correlato, no plano psíquico, é o mecanismo do *isolamento*.

Chasseguet-Smirgel prossegue no paralelo entre a neurose obsessiva e a religião nesse quesito, recorrendo às figuras da separação na explicação bíblica das origens do mundo. Conforme consta do livro do Gênesis, Deus criou o mundo dando ordem ao caos que então reinava, em uma operação essencialmente de *separação*, entre a luz e as trevas, o dia e a noite, o firmamento e as águas e assim por diante. Uma particular separação foi feita entre as espécies vivas que foram criadas: cada qual passaria a se reproduzir a partir de cruzamentos restritos entre seus exemplares, ficando impedida a *hibridação*. Ou, uma vez cruzados animais de espécies diferentes, a cria (o híbrido) torna-se estéril, incapaz de reproduzir-se.

O duplo caráter de Lúcifer manifesta-se no *hybris*, portanto, na medida em que "o orgulho, o descomedimento, o desejo de roubar o poder de Deus, a *hibridação* se expressam na mistura, o desejo de retornar ao caos original de onde jorrará uma nova realidade" (Chasseguet-Smirgel, 1991, p. 223). Este é o universo sadeano, revelador da "ideologia" psíquica própria da perversão. As doutrinas gnósticas não propunham outra coisa senão a abolição da separação entre Deus e o homem, cuja fusão seria a expressão imaginária de um retorno do filho ao interior da mãe, recusando a lei paterna. A religião impõe a lei e pode proibir aquilo a que o gnóstico se dá o direito. No entanto, ela não pode abolir o desejo e a tentação, como a lei do pai não impede no neurótico obsessivo a manifestação inconsciente de desejos pré-genitais e edípicos.

A proibição de ver a face de Deus, expressa na Bíblia, encontra na própria escritura sagrada exceções que desvelam o desejo oculto. Chasseguet-Smirgel aponta uma delas em uma passagem da Epístola de São Paulo aos Gálatas, quando, contrariando o princípio geral daquela proibição no Antigo Testamento, ele diz que a prática da caridade poderia levar o homem a ver a face de Deus. Ou, ainda, quando Paulo tenta subordinar a lei à fé e abolir a separação entre criador e criatura, exclamando não ser mais ele mesmo, mas o Cristo que nele vive. Ora, é exatamente essa tentação que é desenvolvida na gnose, quando a religião cristã levantará seus baluartes contra ela.

Quanto ao tabu de tocar, ele foi largamente explorado por Freud (1913/1980) em "Totem e tabu", inclusive na semelhança estrutural entre o tabu dos povos primitivos – a proibição de tocar o totem ou de comer o animal-totem sagrado – e o tabu particular do neurótico obsessivo, que eleva certas proibições à posição de lei incoercível. No domínio da perversão, o sentido atribuído ao tocar por Chasseguet-Smirgel é o de profanação do sagrado. No plano da cultura, o tabu de tocar será quebrado apenas em ocasiões especiais, sob licença da própria lei, como no caso protótipico do "banquete totêmico". É a distensão necessária para que se suporte o peso da lei, como justifica Freud tendo em vista o princípio econômico.

O *tocar*, que assume um caráter impulsivo na perversão, é, pois, sujeito a inibições e proibições na neurose obsessiva. Transforma-se em tabu. Um paciente perverso que tive[11] contava-me de sua especial predileção pela prática sexual com mecânicos e borracheiros sujos de graxa, com o intuito de ver depois, em seu próprio corpo e em sua roupa, as marcas de sujeira. Essas eram lembrança e prova do contato físico entre os corpos.[12] Já um outro paciente,

---

11 Este caso está narrado tanto no livro *Perversão* (Ferraz, 2000b) quanto no artigo "A possível clínica da perversão" (Ferraz, 2000c).
12 Exemplifico o tocar, neste caso, como operação de "profanação", em razão da história do paciente, que não cabe ser aqui relatada em detalhes. Apenas gostaria de marcar o fato de que, na infância, sua mãe o obrigava a vestir-se de branco quando ele saía para brincar na vila em que morava; ela exigia ainda

que apresentava aspectos obsessivos bem claros, sempre que recebia seu carro das mãos de manobristas, costumava passar uma flanela no volante antes de ali encostar suas mãos, pois sentia repulsa pela "sujeira" que eles ali haviam deixado. O desejo do contato – tocar – homossexual é patente em ambos os casos, mas o ato dele decorrente assume aspectos opostos.

Freud (1926/1980) associa o mecanismo defensivo do *isolamento*, peculiar à neurose obsessiva, ao tabu de *tocar*, isto é, entrar em contato corporal – seja agressivo ou sensual – com o objeto. Como defesa psíquica, o isolamento impede que ideias se toquem. No artigo "A doença sexual: a intolerável invasão", Pierre Fédida (1991), com muita argúcia, desenvolve essa questão aberta por Freud. Para tanto, corrobora sua impressão de que a neurose obsessiva é um protótipo de todo funcionamento humano diante da realidade de uma sexualidade que se vê às voltas com a civilização:

> *Os doentes obsessivos seriam exatamente aqueles que . . . permitem compreender a maioria das manifestações humanas. Em outros termos, a neurose obsessiva não seria apenas uma neurose entre outras, mas sua própria condição de funcionamento, sua natureza, as teorias que ela comporta na sintomatologia de seus doentes constituiriam precisamente o ponto de observação de todos os outros fenômenos. (p. 9)*

---

que ele não sujasse a roupa, que permanecesse "imaculado". Ao dar relevo ao caráter de "profanação", entretanto, não quero negligenciar um nível mais regredido do sintoma do paciente perverso, expresso pela importância da *sensorialidade cutânea* (Ahumada, 1999) no reasseguramento egoico obtido por meio do tocar.

Assim, a proibição do tocar que faz parte do instituído civilizatório primordial – ao menos na concepção de Freud –[13] aparece na neurose obsessiva desvelando o sentido da "doença sexual", vivida como uma "intolerável invasão". Prossegue Fédida: "toda situação com o paciente, devido exatamente a esta articulação entre o tabu de tocar e a proibição de tocar, implica a capacidade onipotente de tocar pelos pensamentos, de invadir pelos pensamentos" (p. 96).

O tocar é, por excelência, *ato*. E "no princípio foi o ato", diz Freud (1913/1980, p. 191) em "Totem e tabu", parodiando o livro do Gênesis, que diz que "no princípio foi o Verbo". No processo civilizatório o pensamento ocupa uma parte do funcionamento humano antes totalizado no ato, assim como na criança parte do princípio do prazer cede lugar ao princípio de realidade. E no neurótico, particularmente no obsessivo, completa Freud, o pensamento pode se constituir como um substituto completo do ato.

Por essa razão, talvez seja impreciso, sob o ponto de vista teórico, designar com o mesmo termo o *ato* e a ação obsessiva. Se o pensamento substitui e se contrapõe ao ato, o neurótico obsessivo é aquele que não *atua* (*acts-out*); pelo contrário, ele vive à margem do ato, dominado pelo processo do pensamento. Seu "ato" seria, então, um *ato psíquico*, estruturalmente diferente do *acting out*.[14] Freud

---

13 Digo "ao menos na concepção de Freud" porque sua ideia de que antes do assassinato do pai primevo somente havia natureza e, portanto, aquele evento instituiu a civilização recebeu ressalvas consideráveis. Castoriadis se inclui entre os críticos dessa conclusão de Freud, para ele um equívoco sob o ponto de vista antropológico. Castoriadis (citado por Costa, 1989) aponta, assim, o que seria um engano central em "Totem e tabu", afirmando que "onde ele [Freud] pensava que havia natureza, já havia cultura". Jurandir Freire Costa (1989) corrobora essa visão, acrescentando que, na horda, "o instituído já estava lá" (p. 65).
14 Decio Gurfinkel (2005), no artigo "Ódio e inação: o negativo na neurose obsessiva", trata minuciosamente da distinção entre o *acting out*, próprio das neuroses impulsivas, e a ação simbólica característica da neurose obsessiva.

(1909/1980) busca caracterizar as estruturas obsessivas exatamente pelo "pensar obsessivo": elas seriam "desejos, tentações, impulsos, reflexões, dúvidas, ordens ou proibições" (p. 223). Portanto, há de se distinguir o estatuto da ação obsessiva do ato perverso.

O *ato* propriamente dito, que pressupõe a insuficiência do processo de pensamento, estaria presente, então, na perversão e nas formas de psicopatologia afins, em que o caráter impulsivo predomina. Otto Fenichel (1981) é um autor que se preocupou com essa distinção, postulando uma diferença estrutural entre o fenômeno da *compulsão* e o da *impulsão*. Apesar de o perverso e o obsessivo sentirem-se compelidos a realizar ações, a maneira como experimentam seus impulsos é diferente, e a essa diferença manifesta entre impulsão e compulsão deve corresponder uma diferença estrutural entre as duas formações psicopatológicas.

Fenichel afirma que enquanto o neurótico obsessivo "sente-se forçado a fazer uma coisa que *não gosta* de fazer, ou seja, é compelido a usar a sua volição contra os seus próprios desejos", o perverso, por sua vez, "sente-se obrigado a 'gostar' de uma coisa, mesmo contra a sua vontade" (p. 303).

No caso da compulsão do neurótico obsessivo, segundo Fenichel, "não se altera o fato de que o ego governa a motilidade, sem se sentir, porém, livre no uso da sua força orientadora, mas tendo de usá-la conforme certo comando estranho de agência mais poderosa, que lhe contradiz o juízo. É obrigado a fazer e a pensar, ou a omitir certas coisas, sob pena de sentir-se ameaçado por perigos terríveis" (p. 251).

Ora, no caso da impulsão perversa não ocorre uma formação sintomática ruidosa como tal para o ego. O ato não passa por este trâmite entre as instâncias psíquicas. Ainda que algum sentimento de culpa possa opor-se ao impulso, este é em geral experimentado como ego-sintônico, realizado com a expectativa de obtenção de prazer.

Chegamos, assim, a um ponto teórico bastante interessante que concerne à natureza e à função do sintoma neurótico. Esquematicamente, como acabamos de concluir, o sintoma obsessivo conduz ao desprazer – que pode ser até mesmo extremo –, enquanto o sintoma perverso é vivido como prazeroso, até mesmo como um êxtase de gozo. Mas a economia do sintoma não é algo que caiba em um esquema assim tão simples. Vejamos.

No que concerne à *natureza* do sintoma, trata-se de uma formação de compromisso entre desejo e censura. No caso do "Homem dos Ratos", Freud (1909/1980) reiterava sua fórmula geral do sintoma neurótico dizendo que os "atos obsessivos verdadeiros . . . só se tornam possíveis porque constituem uma espécie de reconciliação, na forma de um acordo, entre os dois impulsos antagônicos" (p. 245). Portanto, uma das faces do sintoma será a da satisfação substitutiva do impulso original que deu origem ao próprio sintoma. Por essa razão é que, em uma de suas definições, o sintoma foi considerado como o "ato sexual do neurótico".

É assim que, na neurose obsessiva, a defesa acaba sendo sexualizada e, de modo indireto e disfarçado, coloca-se a serviço das gratificações pré-genitais recalcadas. Ainda no "Homem dos Ratos", Freud diz que "os atos obsessivos tendem a se aproximar cada vez mais . . . dos atos infantis de caráter masturbatório", acrescentando que "quanto mais tempo persistir o distúrbio, mais evidente isto se torna" (p. 245). Portanto, a *função* do sintoma, que seria afastar o ego da realização do desejo proibido, passa a ser a realização disfarçada daquele mesmo desejo. Ou seja, a força do desejo sexual recalcado transfere-se para a medida protetora. Ou, de acordo com Fenichel (1981), "as compulsões são obsessões que ainda se sentem como impulsos; são também derivados; e a respectiva intensidade também exprime a intensidade dos impulsos rejeitados" (p. 252).

No caso da moça de 19 anos narrado por Freud (1917/1980) na conferência "O sentido dos sintomas", a natureza e a função do sintoma obsessivo ficam patentes. A paciente desenvolve um complicado ritual para dormir,[15] no qual se inclui a exigência de que a porta do quarto dos pais, bem como a do seu próprio quarto permaneçam abertas durante a noite. Os ruídos que vinham do quarto dos pais eram fonte de perturbação para ela. Ora, a *função* do sintoma – para além do seu *sentido* – era, entre outras coisas, impedir que os pais mantivessem relações sexuais. Seu sintoma vai ainda mais longe: não conseguindo conciliar o sono, apesar da estrita observância do ritual que visava dar-lhe condições para tal, essa moça acaba trocando de cama com a mãe e assumindo seu lugar ao lado do pai no leito do casal. Eis, portanto, o desejo edípico realizado!

É no texto "Inibições, sintoma e ansiedade" que encontraremos, em Freud (1926/1980), o exame conclusivo deste processo:

> *Os sintomas que fazem parte dessa neurose [obsessiva] se enquadram, em geral, em dois grupos, cada um tendo uma tendência oposta. São ou proibições, precauções e expiação – isto é, negativos quanto à natureza – ou são, ao contrário, satisfações substitutivas que amiúde aparecem em disfarce simbólico. O grupo defensivo, negativo dos sintomas, é o mais antigo dos dois, mas à medida que a doença se prolonga, as satisfações, que zombam de todas as medidas defensivas,*

---

[15] Não entro nos detalhes deste curioso ritual, descrito de modo pormenorizado por Freud na conferência citada. Detenho-me apenas em um dos seus aspectos, que é pertinente ao nosso tema.

levam vantagem. A formação de sintomas assinala um triunfo se consegue combinar a proibição com a satisfação, de modo que o que era originalmente uma ordem defensiva ou proibição adquire também a significância de uma satisfação. (p. 135)

Na neurose obsessiva, portanto, o sintoma cede cada vez mais espaço à satisfação substitutiva, "driblando" assim a frustração. Diz Freud nesse mesmo texto que, se o sintoma representava, em sua origem, uma restrição para o ego, ele passa a representar uma satisfação, em razão da tendência do ego à síntese. É evidente, no entanto, que o sintoma é uma realização simbólica do desejo, privada do caráter francamente sexual (de descarga) do perverso. Portanto, o resultado final desse processo é "um ego extremamente restringido, que fica reduzido a procurar satisfação nos sintomas" (p. 141).

No ato obsessivo, a semente da desobediência se oculta sob a defesa. Na religião de tradição ritualizada, esse traço, como lembrança inconsciente de sua etapa gnóstica, também está presente, na figura da *tentação*. Haja vista o exemplo dado por Chasseguet-Smirgel (1991) e mencionado anteriormente, quando o próprio apóstolo São Paulo, na epístola aos Gálatas, abre a possibilidade de os homens verem a face de Deus, numa tentativa de subordinar a lei à fé e abolir, assim, o fosso que separa o Criador da criatura no Velho Testamento. Chasseguet-Smirgel aí entrevê "o germe da substituição da efusão pela separação, do sentimento oceânico pela interdição moral. Sabe-se que é a gnose que irá desenvolver esta tendência, ou, sem dúvida, seria melhor dizer, esta tentação" (p. 237).

Se o próprio texto sagrado, como vemos, deixa-nos entrever essa tendência, outras manifestações culturais forjadas sob a égide da religião nos dão também demonstrações claras desse processo. Um exemplo é o fenômeno da impregnação da linguagem da mística pela retórica da erótica.

A descrição pormenorizada da *oração de arrebatamento* feita por Santa Teresa d'Ávila, doutora da Igreja, traz com requinte as peculiaridades do êxtase místico. Ela descreve quatro espécies ou graus de oração.[16] Na última delas, que é a oração de *arrebatamento*, Santa Teresa d'Ávila (citada por Granger, 1969) dizia atingir uma "alegria perfeita e inteiramente pura", e afirmava que "sabemos que dela gozamos, embora sem saber como; e sabemos que tal felicidade compreende todos os bens imagináveis, sem poder, todavia, conceber que felicidade é esta; todos os sentidos estão de tal maneira repletos e ocupados desta alegria que não poderiam aplicar-se ao que quer que seja de interior ou exterior" (p. 27). Ora, a "impregnação dos sentidos" é uma referência à experiência corporal peculiar às sensações orgásticas, quando ocorre justamente uma espécie de desvanecimento dos sentidos concomitante a uma ruptura com o interior e o exterior.

É evidente que, no caso da oração de arrebatamento, a *pureza* com relação ao fator sexual mantém-se no plano ideal, mas a própria sublimação aqui assume o montante de prazer de natureza erótica que escapa. Falo em sublimação, evidentemente, pois não julgo que possamos falar de Santa Teresa d'Ávila como uma neurótica obsessiva. Mas cumpre lembrar que, com efeito, sublimação, formação reativa e recalcamento são "processos limítrofes", segundo Laplanche e Pontalis (1986). Ademais, o uso da natureza dos *resultados* da dessexualização como critério de distinção entre sublimação e formação reativa pode estar impregnado por *valores*,

---

16 As quatro espécies ou graus de oração são: a oração *mental*, a oração de *quietude* ou de *recolhimento*, a oração de *união* e a oração de *arrebatamento*.

introduzindo uma variante alheia às estritas regras do funcionamento psíquico.

Aqui, mais uma vez, é possível recorrer à natureza do processo psíquico engendrado pela gnose para, de certa maneira, aproximá-la do *conhecimento místico* em sua conexão com o êxtase, como em Santa Teresa d'Ávila. A atitude mística como uma possibilidade do conhecimento seria uma espécie de "atalho" rumo à apreensão do objeto pelo sujeito cognoscente. Seu oposto seria o conhecimento científico.[17]

Foi William James (1890/1979), autor que se preocupou em compreender a atitude mística, quem fez figurar entre as características básicas dos *estados místicos* o seu aspecto de *estado de conhecimento*, visto que o sujeito que se encontra nesses estados possui a consciência de estar em contato com uma revelação que inexiste na experiência comum. Essa experiência seria, portanto, essencialmente irracional, como a magia. Mais uma vez, então, deparamos com um argumento para sustentar o fato de que o conhecimento intuitivo pela gnose "levava vantagem" sobre o método racional que o cristianismo buscava empregar na demonstração do sagrado (Eco, 1987).

A experiência mística se oferece como um substituto da razão. Enquanto a razão é uma espécie de longo caminho para se chegar ao conhecimento, a experiência mística representa um atalho em direção a um êxtase, que poderia, assim, "ensinar" muito mais do

---

17 A *mística* a que me refiro aqui é, evidentemente, uma mística cristã. No entanto, os gnósticos eram místicos por excelência, e por isso sempre foram temidos pelas religiões estabelecidas. Segundo Chasseguet-Smirgel (1991), "o *hybris* está presente, de forma latente, no místico. A lei tende a desaparecer, para dar lugar ao 'sentimento oceânico'. Os exercícios espirituais visam a apagar os limites entre Deus e o Homem e o Homem, desta maneira, torna-se Deus" (p. 236).

que aquilo que se aprenderia por meio da investigação racional, limitada por natureza ao paradigma de racionalidade dado. O êxtase é, ao mesmo tempo, conhecimento e gozo, motivo pelo qual a linguagem que o descreve como experiência íntima busca metáforas no campo erótico (Ferraz, 2000a).

Voltando ao nosso problema da neurose obsessiva, para encerrar, poderíamos nos indagar se a sexualização da defesa e a vazão da hostilidade ao objeto verificadas em sua cronificação nos permitem pensar que estaríamos, enfim, diante do ato (*acting*), contrariando a distinção proposta entre o *ato* na perversão e a ação obsessiva. Contudo, penso que não, pois ainda que o sexual e o hostil extravasem no sintoma, sua manifestação não é direta, permanecendo simbolizada sob o recalque. E, como enfatiza Freud (1926/1980), a vida sexual do obsessivo segue restrita, sendo o prazer fruído, de um modo prejudicado, pela via do sintoma.

Quando o terrível "não" se insinuava quase autônomo na oração que o "Homem dos Ratos" fazia, transformando o "Deus o proteja" em "Deus não o proteja",[18] a intenção hostil vinha inelutavelmente à tona. Mas isso não é o mesmo que um ato agressivo ou assassino desfechado contra o objeto. O sintoma obsessivo, portanto, aproxima-se da satisfação da hostilidade ou das moções pulsionais sádico-anais apenas de modo assintótico. Seu movimento em direção ao *ato* bem poderia ilustrar o paradoxo de Zenão, segundo o qual há sempre uma outra metade do caminho a ser percorrida... E é precisamente essa lei do funcionamento neurótico,

---

18 Freud (1909/1980), no caso do "Homem dos Ratos", relata que seu paciente havia inventado uma complicada oração, que podia chegar a ter uma hora e meia de duração, porque em uma certa ocasião julgara que algo estranho (um "não") se inseria em suas preces, dando-lhes um sentido oposto. Sua intenção inconsciente, que havia sido recalcada, escapava, portanto, por meio daquilo que lhe parecia uma intrusão estranha.

quando justaposta ao funcionamento do perverso, que nos dá a medida da diferença estrutural entre as formações psíquicas decorrentes do recalque e aquelas decorrentes da recusa.

Referências

Ahumada, J. L. (1999). Organização perversa e organização simbiótica na relação objetal narcísica. In J. L. Ahumada, *Descobertas e refutações: a lógica do método psicanalítico*. Imago.

Bergson, H. (1932/1979). As duas fontes da moral e da religião. In *Os Pensadores*. Abril Cultural.

Bollas, C. (2000). *Hysteria*. Escuta.

Chasseguet-Smirgel, J. (1991). *Ética e estética da perversão*. Artes Médicas.

Costa, J. F. (1989). *Psicanálise e contexto cultural*. Campus.

Dorey, R. (2003). Problemática obsessiva e problemática perversa: parentesco e divergências. In B. Brusset & C. Couvreur (Orgs.), *A neurose obsessiva* (pp. 115-139). Escuta.

Eco, H. (1987, 31 out.). O irracionalismo ontem e hoje. *Folha de S. Paulo* (Ilustrada), A-36.

Etchegoyen, R. H. (2002). Perversión de transferencia: aspectos teóricos y técnicos. In R. J. Moguillansky (Org.), *Escritos clínicos sobre perversiones y adicciones*. Lumen.

Fédida, P. (1991). A doença sexual: a intolerável invasão. In P. Fédida, *Nome, figura e memória: a linguagem na situação analítica*. Escuta.

Fenichel, O. (1981). *Teoria psicanalítica das neuroses*. Atheneu.

Ferraz, F. C. (1994). *A eternidade da maçã: Freud e a ética*. Escuta.

Ferraz, F. C. (2000a). *Andarilhos da imaginação: um estudo sobre os loucos de rua*. Casa do Psicólogo.

Ferraz, F. C. (2000b). *Perversão*. Casa do Psicólogo.

Ferraz, F. C. (2000c). A possível clínica da perversão. In L. B. Fuks, & F. C. Ferraz (Orgs.), *A clínica conta histórias*. Escuta.

Ferraz, F. C. (2001). A questão da autonomia e a bioética. *Bioética*, 9(1), 73-81.

Ferreira, A. B. H. (1986). *Novo dicionário da língua portuguesa*. Nova Fronteira.

Freud, S. (1896/1972). Novos comentários sobre as neuropsicoses de defesa. In S. Freud, *Edição Standard Brasileira das Obras Psicológicas Completas de Sigmund Freud* (Vol. III). Imago.

Freud, S. (1905/1980). Três ensaios sobre a teoria da sexualidade. In S. Freud, *Edição Standard Brasileira das Obras Psicológicas Completas de Sigmund Freud* (Vol. VII). Imago.

Freud, S. (1907/1980). Atos obsessivos e práticas religiosas. In S. Freud, *Edição Standard Brasileira das Obras Psicológicas Completas de Sigmund Freud* (Vol. XIX). Imago.

Freud, S. (1909/1980). Notas sobre um caso de neurose obsessiva. In S. Freud, *Edição Standard Brasileira das Obras Psicológicas Completas de Sigmund Freud* (Vol. X). Imago.

Freud, S. (1913/1980). Totem e tabu. In S. Freud, *Edição Standard Brasileira das Obras Psicológicas Completas de Sigmund Freud* (Vol. XIII). Imago.

Freud, S. (1917/1980). Conferências introdutórias sobre psicanálise. Conferência XVII: O sentido dos sintomas. In S. Freud, *Edição Standard Brasileira das Obras Psicológicas Completas de Sigmund Freud* (Vol. XVI). Imago.

Freud, S. (1926/1980). Inibições, sintoma e ansiedade. In S. Freud, *Edição Standard Brasileira das Obras Psicológicas Completas de Sigmund Freud* (Vol. XX). Imago.

Freud, S. (1930/1980). O mal-estar na civilização. In S. Freud, *Edição Standard Brasileira das Obras Psicológicas Completas de Sigmund Freud* (Vol. XXI). Imago.

Freud, S. (1931/1980). Tipos libidinais. In S. Freud, *Edição Standard Brasileira das Obras Psicológicas Completas de Sigmund Freud* (Vol. XXI). Imago.

Freud, S. (1940[1938]/1980). Esboço de psicanálise. In S. Freud, *Edição Standard Brasileira das Obras Psicológicas Completas de Sigmund Freud* (Vol. XXIII). Imago.

Granger, G.-G. (1969). *A razão*. Difusão Europeia do Livro.

Gurfinkel, D. (2005). Ódio e inação: o negativo na neurose obsessiva. In M. T. Berlinck (Org.), *Obsessiva neurose*. Escuta.

James, W. (1890/1979). Princípios de psicologia. In W. James, *Os Pensadores*. Abril Cultural.

Laplanche, J. (1988). A pulsão de morte na teoria da pulsão sexual. In A. Green et al., *A pulsão de morte*. Escuta.

Laplanche, J., & Pontalis, J.-B. (1986). *Vocabulário da psicanálise*. Martins Fontes.

Mahony, P. J. (1991). *Freud e o homem dos ratos*. Escuta.

Masson, J. M. (Ed.). (1986). *A correspondência completa de Sigmund Freud para Wilhelm Fliess 1887-1904*. Imago.

McDougall, J. (1983). Cena primitiva e argumento perverso. In J. McDougall, *Em defesa de uma certa anormalidade: teoria e clínica psicanalítica*. Artes Médicas.

McDougall, J. (1992). A neo-sexualidade em cena. In J. McDougall, *Teatros do eu: ilusão e verdade no palco psicanalítico*. Francisco Alves.

Meltzer, D. (1979). *Estados sexuais da mente*. Imago.

Nietzsche, F. (1887/1978). Para a genealogia da moral. In *Os Pensadores*. Abril Cultural.

Pessotti, I. (1994). *A loucura e as épocas*. Editora 34.

Proust, M. (1918/1981). *Em busca do tempo perdido*. (Vol. 2: À sombra das raparigas em flor). Globo.

Rosolato, G. (1990). Estudo das perversões sexuais a partir do fetichismo. In J. Clavreul et al., *O desejo e a perversão*. Papirus.

4. As montagens perversas como defesa contra a psicose[1]

Neste trabalho, parto do postulado de que a perversão é, fundamentalmente, uma defesa contra a psicose. Trabalhei de modo mais extenso essa questão em outra oportunidade (Ferraz, 2000), quando detalhei a história conceitual do problema da perversão em Freud, demonstrando como, em sua obra, foi se passando paulatinamente de um axioma segundo o qual a neurose é "o negativo da perversão" (Freud, 1905/1980) para este outro que, embora não enunciado desta forma explicitamente, poderia traduzir-se pela fórmula ora proposta de que a perversão pode ser compreendida como uma defesa contra a psicose, particularmente contra a angústia, a depressão e a fragmentação psicóticas.

Esse novo axioma pôde ser deduzido dos trabalhos de Freud publicados a partir de 1923, quando a psicose foi tematizada de forma comparativa com a neurose (Freud, 1924/1980a, 1924/1980b), e quando uma teoria do fetiche veio consolidar a compreensão dos mecanismos de *recusa* e de *divisão do ego* (Freud,

---

[1] Publicado originalmente na revista *Alter*, XXIX(1), 41-48, 2011.

1927/1980, 1940/1980). Não são poucos os autores pós-freudianos que, explícita ou implicitamente, corroboraram tal ponto de vista. Podemos lembrar, apenas a título de exemplo, M. Masud R. Khan, Joyce McDougall, Janine Chasseguet-Smirgel e Robert J. Stoller, representantes de grupos psicanalíticos geograficamente diversos.

Uma montagem sintomática perversa pode aparecer com a finalidade de estancar o desenvolvimento de uma angústia psicótica, como que colmatando uma falta que, de outro modo, torna-se escancarada quando se submerge na desorganização e na fragmentação do ego na psicose. Se partirmos da noção de fetiche em Freud, temos que a recusa vem operar, no plano da crença, uma ilusão, a saber, a de que um percepto não é real. Ora, a literatura psicanalítica é pródiga no exame dessa vicissitude do funcionamento mental em que se instaura um paradoxo que adquire fixidez e permanece, portanto, funcionando dentro do registro psíquico bivalente que Octave Mannoni (1991) definiu, de forma brilhante, na fórmula "eu sei, mas mesmo assim...".

Tal funcionamento psíquico tem a "vantagem", se é que assim se pode dizer, de proteger o sujeito da queda em uma constatação da falta para a qual não haverá restituição para além do real. O perverso, *acreditando no que sabe não ser verdade* (eis aí a fórmula acabada de um jogo do impossível), desenvolve um sintoma calcado em montagens que, sendo imaginárias, não podem dispensar o *acting out*, sob pena de caírem por terra por falta de uma sustentação que venha do plano do real. O *acting out*, consubstanciado na montagem perversa (cena sexual), deriva do mesmo imperativo psíquico que determinará uma modalidade de transferência baseada no desafio e na tentativa de desestabilização do objeto, que já foi chamada de *perversão de transferência* (Meltzer, 1979; Etchegoyen, 2003).[2]

---

2 No Capítulo 1 deste livro, trabalhei de modo extenso essa modalidade de

Freud não estabeleceu formalmente uma diferença clara entre os conceitos de *Verleugnung* e *Verwerfung*, que podem se traduzir respectivamente como *recusa* e *rejeição*. O primeiro termo foi usado, entre outros momentos, no trabalho sobre o fetichismo (Freud, 1927/1980); o segundo aparece precocemente no artigo "As neuropsicoses de defesa" (Freud, 1894/1980) e no caso do "Homem dos Lobos" (Freud, 1918/1980). Coube a Lacan precisar a especificidade de cada um desses mecanismos, donde resultou a consolidação do emprego do termo "forclusão" (sua tradução de *Verwerfung*) para designar a defesa operada pelo psicótico contra a constatação da castração. As montagens perversas, por sua vez, se dariam no contexto de uma recusa (*Verleugnung*), tendo como elemento diferencial em relação à psicose o fato de que, por situar-se no domínio da crença, pouparia o sujeito da desorganização do pensamento e do esfacelamento identitário revelados por sua imersão na alucinação, tal como se dá no funcionamento psicótico.

Vejamos como alguns autores que trabalharam em profundidade esse problema podem nos esclarecer sobre as intricadas relações entre psicose e perversão.

Bleichmar (1984) esclarece a diferença entre os domínios da *alucinação* e da *crença*, que marcariam correlativamente a distinção entre o campo da psicose e o da perversão. E é exatamente o regime da percepção que define o crivo para a detecção de tal diferença, visto que, no caso da rejeição, quando é o próprio percepto que permanece fora do aparato psíquico – Bion (1988) diria: ataque ao aparelho perceptivo –, não há outra saída senão a formação do sintoma sensoperceptivo.

---

transferência, inclusive comparando-a com neurose de transferência e com a transferência psicótica (identificação projetiva).

Já no domínio da crença, não se ataca o percepto em si, mas a "homologação" de sua ocorrência ou de sua validade. Onde não há algo, diz Bleichmar, crê-se que existe seja o pênis ou a vida no ser querido. O substituto, assim, permanece no regime da crença, não desenvolvendo qualquer qualidade sensorial, como ocorre na restituição psicótica (alucinação). A recusa, portanto, não age sobre o dado perceptivo em si, mas sobre o "vestígio mnêmico" deste, ficando a base perceptiva inscrita no psiquismo.

Daí o resultado sintomatológico operar-se no plano da ilusão, tal como se dá no fetichista. Ora, disso resulta um sujeito que não precisa lançar mão da alucinação, visto que a divisão do ego e a manutenção no paradoxo do jogo do impossível o detêm no plano do pensamento. É claro que, como já ressaltei anteriormente, esse jogo não se faz impunemente: é apenas o apelo ao *acting out* repetitivo (compulsivo e compulsório), expresso na montagem sexual, que pode sustentar um equilíbrio frágil. A ameaça da queda no abismo do pensamento sobre o real do percepto faz com que paire no horizonte a própria ameaça da angústia e da depressão psicóticas.

No regime da recusa, afirma Bleichmar, o sujeito não tem alternativa senão fechar-se sobre a contradição, o que leva a um esgotamento da matriz do pensamento sobre a desmentida. Disso resulta o impedimento do acesso ao universo da simbolização, como se dá no regime do recalque, quando se mantém aberta a via para os deslizamentos de significante a significante, naquilo que Freud singelamente chamou de *associações livres*.

Pelo resultado desta operação, em que a perversão testemunha um universo psíquico estreito, delimitado pelas rígidas fronteiras impostas pelo fato de que ela, afinal, está baseada numa contradição, Joyce McDougall (1989) chamou-a de "psicose especializada". O que quer dizer: especializada no domínio da sexualidade. No caso da perversão, diz ela, aquilo que foi recusado não é restituído sob a forma delirante, mas é sempre redescoberto em função da ilusão contida no ato sexual.

Explica-se: embora não alucine, o perverso deve, por meio das montagens, circunscrever sua "loucura" no campo da sexualidade manifesta. Por essa razão, a sexualidade funciona e é vivida como uma "droga". A "coisa" faz-se imperiosamente necessária na falta de um objeto confiável. A montagem sexual, estereotipada, é condição *sine qua non* para uma estabilização, ainda que precária.

Vale aqui o apelo a uma metáfora da física, em que o *ponto de equilíbrio* de um objeto, quando precário, sustenta-o de pé por um pequeno período, exigindo a intervenção de uma força externa que o recoloque sobre aquele mesmo ponto antes que ele caia por terra, tombando para um lado ou para outro. Nessa comparação, o *acting out* seria essa força de recolocação do sujeito em sua crença precária. Dele resultaria sempre uma conclusão ilusória e imprescindível, cujo argumento monótono seria o de que *a castração não existe* ou, de outro modo, o de que sua presença no horizonte, estando sob controle do ego, é a condição mesma do gozo.

Uma autora que se debruçou sobre esse mesmo problema, e o fez com um nível de detalhamento e profundidade ímpar, foi Janine Chasseguet-Smirgel (1991). Ela demonstrou como, no domínio da crença, desenvolve-se um caráter *concessivo* do pensamento, cuja insuficiência convoca o ato antes do esfacelamento de sua unidade coesa. O sujeito perverso entrega-se, então, à sustentação de suas premissas recusantes (onipresença do falo), quando o falso deve equiparar-se ao autêntico e o inferior, ao superior.

É o que se verifica nas operações psíquicas onipotentes que Freud observava nas "teorias sexuais" das crianças. O futuro perverso, segundo Chasseguet-Smirgel, sustenta-se, em seu equilíbrio, em considerações ilusórias nas quais se figura como superior ao pai no âmbito do desejo da mãe. Desse modo, o pênis, "ainda que pequeno, é grande", e o menino, "mesmo sendo criança, é adulto". Não nos esqueçamos de que a ilusão, afinal, resulta de algo como um pensamento mágico, que define, por princípio, as regras de funcionamento do fetiche, termo francês que vem do português "feitiço", ou seja, arrasta consigo, desde sempre, a ideia de magia.

Masud Khan (1987), explorando exatamente o papel do *acting out* na sustentação do perverso fora do campo da alucinação e da depressão psicótica, vem situá-lo mais precisamente na manipulação onipotente da relação com o objeto. É assim que aquilo a que chamou de *técnica da intimidade*, uma forma perversa de abordagem do objeto, induz o outro a representar o papel que dele se espera, com a finalidade de sustentar uma crença que, no limite, seria delirante. Por essa razão, a perversão seria, em essência, uma *patologia do ego*, diferente da neurose e similar à psicose. O que a caracterizaria seria uma falha na *transicionalidade* (Winnicott), solidária a uma falha na experiência. Vejamos melhor.

A "técnica da intimidade", utilizada, segundo Khan, por tipos esquizoides, deriva do fracasso na integração do ego, ou seja, do fracasso no desenvolvimento da relação de *apoio* (Freud) do bebê com sua mãe. O termo "intimidade" traz em sua semântica a combinação entre o que designa aquilo que é "íntimo" e o que designa o ato de "intimar". O perverso, em sua abordagem do objeto, descarrega algo de sua natureza mais recôndita *sobre o outro*, de maneira compulsiva e exigente. Desse modo, ele não tem a capacidade de entregar-se verdadeiramente à *experiência*.

O contato sensorial é o único meio de que dispõe em seu afã de tornar-se mais próximo daquilo que seria a experiência. Todavia, ele não possui os recursos finais para atingi-la, permanecendo sempre carente, donde se origina sua necessidade de repetição compulsiva, já que a descarga orgástica não coincide com aquela saciação que só se atinge na experiência do contato profundo com o outro, para a qual Masud Khan dá o sugestivo nome de "orgasmo de ego". Isso não ocorrendo, o perverso permanece fora da cena vivencial, não pertencendo à cena que cria, no que se assemelha, então, ao psicótico.

Robert J. Stoller (1986) situa o comportamento perverso no domínio das "ruínas do desenvolvimento libidinal". Para ele, é mais do que evidente que a montagem perversa, caracterizando-se em essência como um desmentido da castração, busca transformar um trauma vivido passivamente num triunfo imaginário sobre o outro, ao qual se impinge ativamente a cena. Tudo isso com o propósito de manter sob um mínimo controle a identidade ameaçada.

Ou seja, a fronteira com a psicose está sempre próxima, impondo-se ameaçadoramente no horizonte do provável. Mas, diferentemente do que se dá com o psicótico, o que mantém o perverso seguro nesta zona estreita é a sua noção de que seu triunfo ocorre apenas na fantasia. Do ponto de vista psiquiátrico, se diria que sua "crítica" está preservada.

Algo que podemos depreender deste exame sumário das postulações feitas por esses autores é que a perversão, estando no limite da psicose, situa-se num patamar mais elevado, se entendemos por tal hierarquia um sentido (direção) na organização ôntica e, *a fortiori*, nas manifestações psicopatológicas dos sujeitos. Se definimos a perversão como *uma defesa contra a psicose* – e não a recíproca –, implícito está que ela representa um nível de maior organização do ego. A ameaça da perda da identidade está presente na perversão; entretanto, não se chega à fragmentação identitária, por mais que ela revele um sujeito dividido, vivendo numa via estreita e impedido de produzir deslizamentos simbólicos.

A considerar tal diferença entre psicose e perversão, ficamos a um passo de postular um fenômeno que poderia ser entendido como uma *hierarquização* entre recusa e rejeição e, por conseguinte, entre os próprios estados psicótico e perverso. Esta seria a nossa hipótese teórico-clínica: a existência de uma hierarquia de defesas que é, a um só tempo, funcional e genética.[3]

Isso significa que o estado psicótico seria ontogeneticamente mais regredido do que o estado perverso, tanto no plano do estabelecimento da objetalidade como da objetividade. A precariedade da objetalidade psicótica evoluiria, na perversão, para a aquisição de um objeto com características transicionais, mas ainda não independente do eu. E, de acordo com a observação clínica, podemos supor que tal diferença não se estabelece apenas estruturalmente, no plano diagnóstico, mas se reproduz em *estados* que podem se alternar no mesmo sujeito, na medida em que este se encontre mais ou menos organizado psiquicamente.

---

3 Tive a oportunidade de tomar contato com um caso clínico que pôde lançar luz sobre essa questão, quando, no ano de 2008, fui convidado a coordenar um seminário sobre a perversão na instituição de saúde mental Projetos Terapêuticos, em São Paulo, dirigida pelo dr. Moisés Rodrigues da Silva Júnior. Na ocasião, a equipe de terapeutas apresentou um material clínico na forma de relatos de sessões grupais com psicóticos, nas quais apareciam montagens sintomatológicas de aparência perversa. E, o que nos é mais interessante nesta análise, tais montagens surgiam no contexto de grupos terapêuticos com pacientes em fase de estabilização de sua sintomatologia psicótica. A hipótese que levantamos foi a de que tais montagens operavam como fator estabilizador da psicose, ideia que me pareceu bastante plausível diante das nuances do material. A observação clínica corroborava a constatação de outros autores, aqui citados, de que uma montagem perversa pode aparecer com a finalidade de estancar o desenvolvimento de uma angústia psicótica, colmatando uma falta que, de outro modo, torna-se escancarada quando se submerge na desorganização e na fragmentação do ego na psicose. Sobre este mesmo material clínico, ver a monografia de Pedro Tavares Antunes (2008).

Referências

Antunes, P. T. (2008). *Montagens perversas, estabilização nas psicoses e transferência: fronteiras clínicas entre psicose e perversão* (Monografia). Departamento de Psicanálise do Instituto Sedes Sapientiae.

Bleichmar, H. (1984). *Introdução ao estudo das perversões*. Artes Médicas.

Bion, W. R. (1988). *Estudos psicanalíticos revisados*. Imago.

Chasseguet-Smirgel, J. (1991). *Ética e estética da perversão*. Artes Médicas.

Etchegoyen, R. H. (2003). Perversión de transferencia: aspectos teóricos y técnicos. In R. J. Moguillansky (Org.), *Escritos clínicos sobre perversiones y adicciones*. Lumen.

Ferraz, F. C. (2000). *Perversão*. Casa do Psicólogo.

Freud, S. (1894/1980). As neuropsicoses de defesa. In S. Freud, *Edição Standard Brasileira das Obras Psicológicas Completas de Sigmund Freud* (Vol. III). Imago.

Freud, S. (1908/1980). Sobre as teorias sexuais das crianças. In S. Freud, *Edição Standard Brasileira das Obras Psicológicas Completas de Sigmund Freud* (Vol. XIX). Imago.

Freud, S. (1918/1980). História de uma neurose infantil. In S. Freud, *Edição Standard Brasileira das Obras Psicológicas Completas de Sigmund Freud* (Vol. XVII). Imago.

Freud, S. (1919/1980). Uma criança é espancada: uma contribuição ao estudo da origem das perversões sexuais. In S. Freud, *Edição Standard Brasileira das Obras Psicológicas Completas de Sigmund Freud* (Vol. XVII). Imago.

Freud, S. (1924/1980a). Neurose e psicose. In S. Freud, *Edição Standard Brasileira das Obras Psicológicas Completas de Sigmund Freud* (Vol. XIX). Imago.

Freud, S. (1924/1980b). A perda da realidade na neurose e na psicose. In S. Freud, *Edição Standard Brasileira das Obras Psicológicas Completas de Sigmund Freud* (Vol. XIX). Imago.

Freud, S. (1927/1980). Fetichismo. In S. Freud, *Edição Standard Brasileira das Obras Psicológicas Completas de Sigmund Freud* (Vol. XXI). Imago.

Freud, S. (1940/1980). A divisão do ego no processo de defesa. In S. Freud, *Edição Standard Brasileira das Obras Psicológicas Completas de Sigmund Freud* (Vol. XXIII). Imago.

Khan, M. M. R. (1987). Intimidad, complicidad y reciprocidad en las perversiones. In M. M. R. Khan, *Alienación en las perversiones*. Nueva Visión.

Mannoni, O. (1991). O divã de Procusto. In J. McDougall (Org.). *O divã de Procusto*. Artes Médicas, pp. 11-21.

McDougall, J. (1989). *Em defesa de uma certa anormalidade: teoria e clínica psicanalítica*. Artes Médicas.

Meltzer, D. (1979). *Estados sexuais da mente*. Imago.

Stoller, R. J. (1986). *Perversion: the erotic form of hatred*. Karnac.

5. Sacher-Masoch, *A Vênus das peles* e o masoquismo[1]

Leopold Franz Johann Ferdinand Maria Sacher-Masoch nasceu em 1836 na Áustria, que então fazia parte do Império Austro--Húngaro. Filho de família aristocrática, aprendeu quando pequeno o francês, língua em que se alfabetizou junto com o alemão, para enfim estudar filosofia e ciências. Desde cedo alimentou o sonho de se tornar um escritor importante e reconhecido. Para tanto, elaborou o projeto de publicação de um conjunto de livros que se chamaria *O legado de Caim*, no qual retrataria aspectos da condição humana.

Esse tema era, de fato, o que mais o tocava, tendo vindo a ser o motor de sua produção literária. Tanto que o romance *A Vênus das peles* foi a obra que o imortalizou, exatamente por tocar, de modo direto e corajoso, em um aspecto tão misterioso e intrigante da alma humana que é o prazer sensual que se pode extrair do sofrimento. O *masoquismo*, como ficou chamada essa tendência,

---
1 Publicado originalmente como estudo introdutório à edição brasileira do livro *A Vênus das peles*, de Leopold Sacher-Masoch (São Paulo: Hedra, 2008, pp. 9-19).

é algo que desafia toda lógica utilitarista ou biológica, oferecendo-se como um dos enigmas mais formidáveis dos aspectos trágico e simbólico da condição humana.

A curiosa história de Severino, que se faz escravizar por Wanda, contém os mais diversos ingredientes da paixão encerrada pelo sofrimento; descerra, de maneira explícita e detalhada, o universo das fantasias poderosas que nutrem a paixão e regem aquela excitação que se condiciona aos sofrimentos *físico* e *moral*. Deixar-se amarrar e ser chicoteado pela amante correspondem ao primeiro, enquanto obedecê-la cegamente, deixar-se humilhar por ela, entregar-se-lhe como posse e, requinte da fantasia, assisti-la entregar-se a um outro amante, correspondem ao segundo. Mais do que retirar o véu que costuma cobrir as fantasias mais estranhas e secretas, o texto de Sacher-Masoch põe em marcha as ações necessárias à sua consubstanciação, ali condensadas no instituto emblemático do *contrato*.

Antes da publicação de *A Vênus das peles*, Sacher-Masoch já era um escritor conhecido por diversas obras, entre as quais se destacava o livro *Conto galiciano*, de 1858. Mas sua consagração como escritor maior viria com a publicação de romances que, embora pudessem ser vistos como obras sentimentais por olhos ingênuos ou desavisados, não tardaram a ser identificados como portadores de um *plus* de erotismo que transcendia os romances tradicionais. A partir daí, ele passou a ser visto primordialmente como um escritor maldito.

Entretanto, por uma ironia, a fama que auferiu na qualidade de escritor seria sobrepujada por aquela que adveio da utilização de seu próprio nome na invenção da palavra *masoquismo*. Justa ou injustamente, Sacher-Masoch passou a ser mais conhecido por ser o escritor que emprestou seu nome a este termo do vocabulário psiquiátrico do que pela sua própria obra. Vamos aos fatos.

Em Viena, no ano de 1886, o célebre psiquiatra Richard von Krafft-Ebing publicava seu tratado intitulado *Psychopathia sexualis*, um verdadeiro catálogo do comportamento sexual humano, no qual arrolava um grande número de práticas sexuais que fugiam à suposta normalidade. Ali se classificava tudo aquilo que era então considerado como "aberração" da sexualidade humana, uma vasta gama de comportamentos que ia desde a homossexualidade até o estupro e as práticas que envolviam mutilações.

Pederastia, lesbianismo, pedofilia, bestialismo, necrofilia, voyeurismo, exibicionismo, nada parecia escapar a Krafft-Ebing. Tudo isso documentado com um vasto material clínico, médico-legal ou... literário. E foi assim que duas das mais conhecidas "perversões" sexuais arroladas pelo autor ficaram definitivamente vinculadas aos nomes de dois escritores: o prazer em causar dor ao parceiro foi batizado de "sadismo", em referência ao Marquês de Sade, enquanto o prazer obtido pelo sofrimento, o "masoquismo", associava-se indelevelmente ao nome do autor de *A Vênus das peles*.

Segundo Bernard Michel (1992), em seu livro *Sacher-Masoch*, nosso autor não aceitou de forma passiva a nomenclatura proposta por Krafft-Ebing. Protestou contra aquela apropriação de seu nome, recusando o destino de vir a figurar na história como "perverso" ou "pervertido", ou mesmo como libertino. O fato é que o termo "masoquismo" vingou não só no vocabulário da psiquiatria e da sexologia, como veio, com o passar do tempo, a ter seu emprego consagrado no vocabulário leigo, usado a torto e a direito.

A abordagem científica de algo tão obscuro e cercado de tabus como eram a sexualidade e, *a fortiori*, as perversões sexuais fez com que o trabalho de Krafft-Ebing repercutisse nos meios intelectuais e literários de todo o mundo ocidental. Exemplo disso foi a publicação, em solo brasileiro, do livro *Dentro da noite*, de João do Rio (1910/2002). Os contos desse livro foram inspirados na *Psychopathia sexualis*, obra que estava então em voga entre os intelectuais bem informados do que se produzia na Europa.[2] O livro de João do Rio, de acordo com seu prefaciador João Carlos Rodrigues (2002), era "a maior coleção de taras e esquisitices até então publicada na literatura brasileira" (p. 12), na qual se incluía a "deformação sensorial" representada pelo masoquismo.

A consagração e a popularização do termo "masoquismo" foram, sem sombra de dúvida, impulsionadas pelo advento da psicanálise. Em 1905, Freud publicava os "Três ensaios sobre a teoria da sexualidade", trabalho cuja primeira seção se dedicava justamente às chamadas "aberrações sexuais". As categorias discutidas por Freud eram extraídas da *Psychopathia sexualis* de Krafft-Ebing, e ali se incluíam o sadismo e o masoquismo. Mesmo discordando do ponto de vista de seu predecessor, particularmente no que tangia à natureza e à etiologia das aberrações, o que importa é que Freud adotou aqueles termos diagnósticos e nosográficos, passando a utilizá-los nos seus trabalhos subsequentes.

Krafft-Ebing fazia uma leitura moralizante das práticas sexuais desviantes, ligando-as à criminalidade e propondo uma regulamentação destas pelo Estado. Freud seguiu por trilha oposta, demonstrando outra sorte de preocupação. Além disso, manifestou seu desacordo com as hipóteses etiológicas correntes para os desvios sexuais, que eram atribuídos a uma degenerescência moral que, por seu turno, devia ter como base outra degenerescência, esta de fundo biológico.

---

2 Esta era, sabidamente, a regra vigente na formação de nossas elites intelectuais. É fato digno de nota que, tal como João do Rio, Mário de Andrade (1947/1999) veio posteriormente a escrever seu famoso conto "O peru de Natal" (em *Contos novos*), francamente inspirado no livro "Totem e tabu", de Freud (1913/1980). A psicanálise ocupava, então, o lugar do saber *up-to-date*, deixando para trás o tipo de abordagem de Krafft-Ebing.

Não é difícil reconhecer aí a cilada cientificista herdada do positivismo, que ofuscava a causa moral no insistente apelo à causa natural, que deveria ser a causa última e universal. E que, por extensão, professava também a necessidade de uma causa biológica para a perversão e para a histeria, como fundamento da causa psíquica, esta secundária. Diga-se de passagem, esse é o imperativo que vemos aflorar novamente hoje em dia com a afirmação da psiquiatria biológica. Freud, ao contrário, via na configuração assumida pela sexualidade de cada sujeito uma montagem cuidadosamente engendrada por sua história singular, particularmente por sua experiência sexual e afetiva precoce, ao que, audacioso, chamou de "sexualidade infantil".

Freud prosseguiu, em sua obra, na tentativa de desvendar o mistério do masoquismo. Dois pontos culminantes dessa empreitada são os textos "Uma criança é espancada", de 1919, e "O problema econômico do masoquismo", de 1924. No primeiro, entende o masoquismo – a fantasia de ser espancado – como transformação inconsciente do desejo de ser amado e cuidado, manipulado fisicamente. Tratar-se-ia da permanência em uma posição erótica infantil diante do objeto adulto. No segundo artigo, o masoquismo é dividido em três tipos, definidos em conformidade com seu modo de manifestação: o erótico, o feminino e o moral.

Não cabe entrar em pormenores conceituais ou clínicos sobre cada uma dessas modalidades, mas é interessante associá-las ao que lemos em *A Vênus das peles*. Se Freud foi bastante perspicaz e arguto ao descrever e explicar psicanaliticamente o masoquismo, Sacher-Masoch não ficou atrás na sofisticação de sua percepção desse fenômeno psíquico, inclusive lançando mão, para expressá-la, do instrumento da literatura, que, para Freud, era definitivamente superior ao da ciência no afã de desvendar os mistérios da alma humana.

Dois componentes do masoquismo descritos por Freud, o *erógeno* e o *moral*, presentificam-se magistralmente no romance de Sacher-Masoch. Ali o sofrimento físico, tornado efetivo pelos golpes de chicote e por situações de patente desconforto, como a exposição ao frio, à fome ou à privação do sono, complementa-se pelo sofrimento moral, quiçá ainda mais excitante que o primeiro. A humilhação, a redução imaginária à condição de coisa ou de objeto, o risco de ver-se abandonado e traído são ingredientes indispensáveis ao prazer voluptuoso que Severino quer experimentar. É certo que ele se mortificava com a ideia de que sua amante – ou sua dona, como rezava o contrato firmado entre eles – o trocasse por outro, mas o ponto culminante de suas exigências era precisamente que ela elegesse um amante e que este viesse a amarrá-lo e castigá-lo com o látego!

Mas é bom ter cuidado com a simplificação usual que se costuma fazer na caracterização do par sadomasoquista. Por uma curiosa relação de projeção mútua, sob o ponto de vista imaginário e fantasmático, não se pode apartar cada um dos parceiros, opondo-os um ao outro. Cada um deles pode estar intimamente identificado com o outro, e isso é também aquilo que Freud explicita em termos conceituais e que Sacher-Masoch, por sua vez, demonstra na trama que monta com tamanho requinte.

É desta particular relação especular entre tirano e servo ou entre dono e escravo que se depreende que as aparências enganam no caso do fenômeno sadomasoquista. O que a literatura psicanalítica posterior a Freud pôs em relevo foi a tirania do masoquista diante daquele a quem solicita o tratamento cruel. Robert J. Stoller (1986), psiquiatra e psicanalista californiano e grande pesquisador da sexualidade humana, sobretudo da identidade de gêneros e dos fatores condicionantes da excitação sexual, demonstrou como, dentro do par sadomasoquista, é o masoquista o verdadeiro tirano, aquele que domina seu torturador e controla com pulso a cena. Essa característica impregna toda a cena sexual perversa, que deve ser meticulosamente montada a partir de um *script* ditado pela fantasia. Àquele que vai encenar o papel do tirano cabe, então, obedecer com rigor às ordens e fantasias do outro polo, ou seja, daquele que, no nível manifesto, é o que se submete. À experiência excitante do risco de ser descartado pelo parceiro sádico, experiência hipócrita, corresponde a certeza secreta de que, em verdade, é o parceiro quem se tornou dependente.

Devemos essas constatações – que são, na verdade, extensão da interpretação primeira que Freud já dera ao fenômeno – a autores como Joyce McDougall (1989) e Janine Chasseguet-Smirgel (1991), na França, e Masud Khan (1987), na Inglaterra, que, entre outros, contribuíram enormemente para a elucidação dos mecanismos psíquicos presentes no fenômeno da perversão em geral e no masoquismo em particular, dissecando o sentido latente dessas tramas que vemos em abundância no romance de Sacher-Masoch. Outro elemento importante seria a própria sedução, levada a termo no poder de persuasão do masoquista: ele deve ser talentoso o suficiente para convencer seu parceiro a causar-lhe sofrimento.

Numa passagem desse romance, Wanda afirma a Severino que, quanto mais a mulher se mostra cruel e sem piedade, mais ela excita os desejos do homem. E que a sua natureza lhe põe em superioridade em relação a ele, pois é o homem quem deseja, enquanto a mulher é quem se entrega. O homem, diz ela, é aquele que solicita, e a mulher, a solicitada. Ora, esse raciocínio inverte a ideia comum de que, na cena erótica, o homem exerce o papel ativo, e a mulher, o passivo. Aliás, Freud dissociou explicitamente o erotismo feminino do gênero mulher e o erotismo masculino do gênero homem, para mostrar que ambos podem se encontrar combinados, em proporções diferentes, em ambos os sexos. Portanto, a compreensão simplista e esquemática da cena sexual, com a atribuição do papel ativo ao homem e do passivo à mulher, não pode mais se sustentar.

Por um curioso interjogo – aquele a que se pode propriamente denominar *erótico* –, a posição psíquica dos parceiros subverte qualquer lógica que se pretenda biológica ou mesmo social. Não se trata mais do papel sexual *stricto sensu* ocupado na cena, mas sobretudo do lugar de *poder* que se ocupa em sua montagem. Para o ser humano, não há mais sexo puramente biológico: seu regime passou a ser o psicológico. No domínio da fantasia e da linguagem, isto é, do que é peculiar ao humano, conta apenas o elemento simbólico, dado pelas significações inconscientes que se atribuem ao outro.

O masoquista, em primeiro lugar, deve idealizar excessivamente seu objeto, ou seja, desenvolver por ele uma tal adoração que poderá chegar, como nessa história, às raias da idolatria. Deve atribuir-lhe uma superioridade da qual resultará o prazer da submissão. Ele sofrerá, sim, mas triunfará em segredo, pois sabe que mantém em seu poder o controle da situação. Essa é uma das chaves para a compreensão do comportamento masoquista. À idealização do parceiro corresponde a idealização do próprio gozo, vivido como voluptuoso e superior ao gozo dos mortais comuns, vistos como seres que não possuem o privilégio de conhecer formas tão excitantes de viver a sexualidade como a dele.

A superioridade idealizada do parceiro será reforçada, na fantasia, pela atribuição que se lhe é feita de características sobre-humanas, que encarnam a perfeição e substituem, assim, elementos sentidos como imperfeitos precisamente por sua humanidade. É quando o objeto supera o humano, a prótese supera o corpo, e o falso sobrepuja o autêntico, numa operação psíquica defensiva a que os psicanalistas chamam de *recusa da castração*. Esse é o componente *fetichista* das perversões, ao qual o masoquismo não escapará.

No romance, ele é claramente ilustrado pela exigência contratual de Severino de que Wanda se cubra de peles para açoitá-lo. A vestimenta de pele, que recobria a pele verdadeira da mulher, constituía um elemento central e uma condição *sine qua non* para a produção da excitação. Sabemos à saciedade que, em todas as épocas, o figurino constituiu um elemento fundamental para a excitação masoquista. Além disso, o paradigma da figura do desejo, no romance, era a Vênus esculpida – Vênus de mármore –, que, no nível fantasmático, corresponderia ao ideal acabado da beleza e à matriz mesma do desejo.

A obra de Sacher-Masoch, bem como a de Sade, ficou marcada por sua associação com os desvios patológicos da sexualidade, com a libertinagem e com a imoralidade. Talvez essa estigmatização se deva, em parte, à sua (infeliz?) imortalização perpetrada por Krafft-Ebing. No entanto, essa visão acabou por injustiçar esses autores, cujas obras foram muito além do que se pode considerar como literatura pornográfica. Trata-se, sim, de literatura erótica, o que é muito diferente.

A experiência não apenas sensorial, mas sobretudo estética que exala de um livro como *A Vênus das peles* faz dessa literatura uma produção sofisticada que traz à luz os mistérios mais profundos da alma e da sexualidade humanas, que, se fazem-se presentes na superfície do masoquista, não deixam de existir nas profundezas inconscientes do dito "normal", ou seja, do humano universal. Sadismo e masoquismo, como se depreende da obra desses autores, não se reduzem a meros sintomas ou doenças – perversões, de acordo a psicanálise, ou parafilias, de acordo com o linguajar psiquiátrico contemporâneo –, mas refletem amplamente modos de vida.

Em psicanálise, não é possível demarcar um dado diagnóstico e mantê-lo estanque, fora de um *continuum* psicopatológico. Entre doença e normalidade não há ruptura, mas continuidade, como ensinou Canguilhem (1984). É assim que a perversão, seja a que se apresenta na figura do masoquismo, seja outra qualquer, configura uma espécie de germe na experiência da normalidade.

Os desvarios românticos estão prenhes de ideais de sofrimento e mortificação. Outras formações centrais da cultura, como a religião, também o estão. Basta recordar os aspectos sensuais do sofrimento descritos nos mais diversos relatos da experiência mística. Portanto, se a literatura de Sacher-Masoch – bem como a do Marquês de Sade – faz, pelo exagero, a caricatura da sensualidade, é certo, outrossim, que ela não se arroga a inventar nada que já não estivesse presente na experiência erótica humana. É daí que advém o seu poder de atração.

Para finalizar, não poderia deixar de tratar de algo bastante interessante, que é a coincidência da literatura de Sacher-Masoch com sua experiência pessoal real. O que se assiste no romance *A Vênus das peles* reproduz a experiência própria do autor. Aos 33 anos de idade, ele conheceu uma bela mulher, Fanny de Pistor Bogdanoff, também filha da aristocracia, a quem propôs um contrato similar ao firmado entre as personagens Severino e Wanda.

Tal contrato incluía a cláusula fatal de que, numa viagem à Itália, ela arranjaria um amante e o faria castigar a Leopold a golpes de chicote. Consta de sua biografia que, na vida real, o amante de sua amada, um ator chamado Saviani, recusou-se, no entanto, a açoitá-lo. Fato que, no romance, é corrigido, tornando a ficção mais "perfeita" do que a realidade, isto é, assujeitada à fantasia do autor, tal como um sonho se submete ao desejo do sonhador, desprezando as limitações da realidade. Afinal, como dizia Aristóteles na *Poética*, "não é ofício de poeta narrar o que aconteceu;

é, sim, o de representar o que poderia acontecer, quer dizer: o que é possível segundo a verossimilhança e a necessidade" (348-322 a.C./1979, p. 249).

A fama adquirida com o sucesso desse romance tornou Sacher-Masoch um homem assediado pelas mulheres, algumas genuinamente apaixonadas e outras interesseiras. Foi assim que se deu sua desastrosa união com Aurora Rümelin, que conhecia seus pontos fracos por meio de sua literatura e, dissimulada, encarnou seu par complementar com o frio intuito de capturá-lo e, desse modo, ascender socialmente. Tiveram três filhos, um deles morto na infância. Por fim, após separar-se de Aurora – que assumira o curioso pseudônimo de Wanda! –, casou-se com Hulda Meister, com quem viveu de modo mais pacato até sua morte, em 1895, aos 59 anos. Teria ele se "curado" de seu masoquismo excessivo, tal como Severino?

É fato que nem toda literatura comporta uma aproximação tão estreita entre a obra e a realidade do autor como esta que se observa em Sacher-Masoch. Mas sabemos que não há pureza nem na ficção, nem na memorialística: uma se impregna com os traços da outra.

Referências

Andrade, M. de (1947/1999). O peru de Natal. In M. de Andrade, *Contos novos*. Itatiaia.

Aristóteles (348-322 a.C./1979). Poética. In *Os Pensadores*. Abril Cultural.

Canguilhem, G. (1984). *Le normal et le pathologique*. PUF.

Chasseguet-Smirgel, J. (1991). *Ética e estética da perversão*. Artes Médicas.

Freud, S. (1905/1980). Três ensaios sobre a teoria da sexualidade. In S. Freud, *Edição Standard Brasileira das Obras Psicológicas Completas de Sigmund Freud* (Vol. VII). Imago.

Freud, S. (1913/1980). Totem e tabu. In S. Freud, *Edição Standard Brasileira das Obras Psicológicas Completas de Sigmund Freud* (Vol. XIII). Imago.

Freud, S. (1919/1980). Uma criança é espancada: uma contribuição ao estudo da origem das perversões sexuais. In S. Freud, *Edição Standard Brasileira das Obras Psicológicas Completas de Sigmund Freud* (Vol. XVII). Imago.

Freud, S. (1924/1980). O problema econômico do masoquismo. In S. Freud, *Edição Standard Brasileira das Obras Psicológicas Completas de Sigmund Freud* (Vol. XIX). Imago.

Khan, M. M. R. (1987). *Alienación en las perversiones*. Nueva Visión.

Krafft-Ebing, R. (1886/2001). *Psychopathia sexualis*. Martins Fontes.

McDougall, J. (1989). *Em defesa de uma certa anormalidade: teoria e clínica psicanalítica*. Artes Médicas.

Michel, B. (1992). *Sacher-Masoch (1836-1895)*. Rocco.

Rio, J. do (1910/2002). *Dentro da noite*. Antigua.

Rodrigues, J. C. (2002). Prefácio. In J. do Rio, *Dentro da noite*. Antigua.

Sacher-Masoch, L. (1870/2008). *A Vênus das peles*. Hedra.

Stoller, R. J. (1986). *Perversion: the erotic form of hatred*. Karnac.

Posfácio[1]

Rubens M. Volich

"Decifra-me ou te devoro!" O secular enigma da esfinge tebana se reatualiza a cada encontro humano. Diante do outro, somos convocados a decifrar o lugar para o qual seu desejo nos convoca, bem como o desafiamos a descobrir o lugar que lhe atribuímos no nosso. Nesse jogo de adivinhações recíprocas, amorosas ou mortíferas, sutis ou explícitas, é traçada a trama da subjetividade humana. No encontro ou na ausência, na intimidade ou na exibição, são tecidas as tramas do desejo em uma infinita diversidade. Seus fios formam desde as composições mais harmônicas, que atraem e encantam, às mais bizarras figuras, que repugnam, mas nem por isso deixam de nos fascinar.

Há muito, Flávio Ferraz se interessa por essas tessituras. Como um etologista, ele observa, coleta e cataloga as espécies que encontra, porém sem perder a curiosidade da criança que segue por horas uma formiga até o formigueiro, nem a imaginação que

---

[1] Publicado originalmente como resenha na revista *Percurso* (ano XIX, n. 37, pp. 110-114, 2006), com o título "Nas teias da perversão".

a transporta aos mais fantásticos cenários. Assim, ele é capaz de revelar a organização e a poesia que se escondem por detrás das formas esgarçadas do desejo, como ao investigar o universo dos loucos de rua (*Andarilhos da imaginação*),[2] mas também o caos e a destrutividade que se dissimulam nos comportamentos aparentemente mais harmônicos da modernidade (*Normopatia*).[3]

Difícil tarefa a que fui solicitado. Não tanto pelo desafio de acompanhar o autor por todas essas peripécias, que, ao contrário, me encantam. Mas pelo delicado lugar de compartilhar com ele, como colega e amigo, uma longa história de aventuras, inquietações e criações clínicas, teóricas, didáticas e editoriais.[4] Aceitei o convite para este escrito movido pelo contato gratificante com a obra, cujo tema, complexo, carregado de preconceitos e de armadilhas para a clínica, é tratado por Ferraz de forma clara, viva e conceitualmente rigorosa, revelando uma escuta clínica sensível, cuidadosa e, sobretudo, livre. Prevenidos de minha parcialidade, ainda assim, considerem ser esta uma leitura importante.

Tempo e ato na perversão insere-se em continuidade direta e aprofunda alguns temas desenvolvidos por Ferraz no livro *Perversão*.[5] Já ali ele sugeria transformar as complexidades e as reconhecidas dificuldades do manejo clínico de suas manifestações em uma reflexão sobre a dimensão ética dessa clínica. Um olhar incauto poderia considerar esse convite uma provocação, um desvario. Caracterizada pelo desvio, pela afronta, pela transgressão, por

---

2 Ferraz, F. C. (2000). *Andarilhos da imaginação: um estudo sobre os loucos de rua*. Casa do Psicólogo.
3 Ferraz, F.C. (2002). *Normopatia: sobreadaptação e pseudonormalidade*. Casa do Psicólogo.
4 História contada detalhadamente no meu livro *Tempos de encontro: escrita, escuta, psicanálise* (Blucher, 2022), no capítulo 23, intitulado "Viagens... Inspiração e criatividade na escrita de uma analista" (pp. 371-386).
5 Ferraz, F. C. (2000). *Perversão*. Casa do Psicólogo.

uma visão quase utilitária da alteridade, como poderia a perversão ser pensada em uma dimensão ética?

O desconcerto diante dessa proposta é revelador do quanto um certo preconceito e doses de moralismo ainda impregnam nossas representações da perversão, apesar de todas as mudanças ideológicas, culturais e dos costumes do século XX, permitindo também compreender os motivos pelos quais a clínica da perversão ainda provoca controvérsias apaixonadas, apesar da evolução da nosografia e dos recursos clínicos.

Para sustentar sua proposta, Ferraz se inspira no veio freudiano que contribuiu para resgatar a perversão do terreno do juízo moral, revelando-a em uma perspectiva de continuidade com o funcionamento "normal", como uma consequência da natureza pulsional da experiência humana, que compreende em seu desenvolvimento as manifestações perversas polimorfas da sexualidade da infância, estruturantes não só da sexualidade, mas também da subjetividade. Mais que uma organização psicopatológica, um sintoma, um comportamento, a perversão é um modo de organização subjetiva e de relação com o outro que, naturalmente, manifesta-se também na transferência, em qualquer enquadre terapêutico.

Dessas constatações Ferraz nos faz vislumbrar dois importantes fios que tecem as teias da perversão, o da sintomatologia e o da transferência perversa. Já evocados em seu primeiro livro, eles se tornam mais visíveis no segundo, revelando as minúcias e os ardis da trama perversa em seus diferentes enlaces e matizes, na clínica, na organização e na vivência do tempo, nos nós e impasses dos atos e das palavras.

No primeiro capítulo do livro, acompanhamos a evolução histórica e conceitual dos eixos sintomatológico e transferencial da perversão na psicanálise. Lembrando a importância e o caráter inovador das posições de Freud sobre as perversões, o autor ressalta que nelas prevalecia uma visão sintomática que contribuiu para o estabelecimento de uma referência clínica tornada clássica: as manifestações perversas revelam explicitamente aquilo que, em virtude do recalcamento, é impossível se manifestar nas neuroses. As neuroses seriam, portanto, o negativo da perversão.

Essa distinção entre neurose e perversão refinou-se simultaneamente ao aprofundamento da teorização metapsicológica, culminando com a descrição de dois outros importantes processos estruturantes das perversões, a recusa e a dissociação. Assim, enquanto as dinâmicas do recalcamento são reconhecidas como a marca registrada das neuroses, a recusa (da castração e, em certa medida, da realidade) é a marca característica das perversões.

As dificuldades da clínica da perversão provocaram durante muitos anos um intenso debate sobre a possibilidade do tratamento psicanalítico dessas manifestações. A superação dessas controvérsias tornou-se possível a partir da ampliação dos recursos da análise da transferência, promovida principalmente pelas correntes kleinianas e lacanianas da psicanálise. A exemplo do observado na clínica das psicoses, o fio da transferência permitiu não apenas viabilizar a clínica das manifestações perversas, mas também melhor compreender as tramas dessas manifestações, cada vez mais multiformes, disseminadas e exacerbadas no mundo contemporâneo.

Lembrando o caráter "estranho" e "ambíguo" da demanda, e o "desafio" e a "rebelião" inerentes à transferência perversa, Ferraz explicita as ciladas que espreitam o analista. Entre "moralista" (que se vê incitado à supressão das práticas perversas) e *"voyeur"* (atribuindo importância secundária ao sintoma, privilegiando a análise), ele mesmo corre o risco de se ver complementarmente capturado pela trama perversa, reduzido ora a uma posição moralizante, ora a um insidioso gozo com a escuta das práticas do paciente.

Os psicanalistas lacanianos ressaltam que, contrapondo-se claramente ao lugar de "suposto saber" peculiar à transferência neurótica, a transferência perversa desafia o saber do analista e, no limite, o recusa enquanto outro, revelando a tentativa do perverso de renegar a lei do pai para substituí-la pela lei de seu próprio desejo, como aponta Guy Rosolato.[6]

Donald Meltzer,[7] da escola inglesa, destaca essa mesma tentativa do perverso de não reconhecer o analista em sua função ou mesmo, às vezes, em sua pessoa, sugerindo o termo "perversão de transferência" para descrevê-la. Ele ressalta, porém, que esse tipo de transferência também ocorre em diferentes momentos da análise de outros pacientes, não necessariamente perversos. Na transferência perversa, o paciente não tenta utilizar os recursos da análise para transformar-se ou buscar a cura, mas sim, em claro movimento de sabotagem da proposta analítica, para aprender a modular seu comportamento com vistas a manter o hábito ou o vício sem risco de ser importunado.

Otto F. Kernberg,[8] por sua vez, aponta que um dos maiores riscos dessa modalidade de transferência é o analista se ver capturado e enredado pelas fantasias perversas do paciente. Da mesma forma, Betty Joseph[9] explicita a sutileza que muitas vezes reveste essas armadilhas, que representam um risco de que as interpretações (ou pseudointerpretações) do analista se constituam sobretudo como

---

6 Rosolato, G. (1990). Estudo das perversões sexuais a partir do fetichismo. In J. Clavreul et al., *O desejo e a perversão*. Papirus.
7 Meltzer, D. (1979). *Estados sexuais da mente*. Imago.
8 Kernberg, O. F. (1998). Perversão, perversidade e normalidade: diagnóstico e considerações terapêuticas. *Revista Brasileira de Psicanálise*, 32(1), 67-82.
9 Joseph, B. (1992). Uma contribuição clínica para a análise de uma perversão. In M. Feldman, & E. B. Spillius (Orgs.), *Equilíbrio psíquico e mudança psíquica: artigos selecionados de Betty Joseph*. Imago.

atuações diante das projeções e dos ataques insuportáveis do paciente à análise e ao analista.

À luz dessas revelações, é possível compreender as reticências quanto às possibilidades de análise das perversões, os frequentes impasses e momentos de paralisia do processo analítico e principalmente as angústias vividas pelo analista que se dispõe a empreendê-la, mobilizadas pela atitude de desprezo e de desafio do paciente ao processo e ao analista. Nesse contexto, evidencia-se a utilidade clínica do termo "perversão de transferência", criado por Meltzer e consagrado por Horacio Etchegoyen em seu tratado de técnica psicanalítica. Assim como a descrição da "psicose de transferência" viabilizou a clínica psicanalítica das psicoses, ao ampliar a ideia de "neurose de transferência", a revelação da dimensão perversa da transferência avançou o caminho para o reconhecimento das modificações necessárias ao dispositivo psicanalítico para o tratamento de manifestações não neuróticas do sofrimento humano.

Seguindo os fios da transferência e do sintoma perversos, Ferraz lembra a utilidade do diagnóstico transferencial desenvolvido na perspectiva lacaniana, que associa a estrutura clínica ao mecanismo defensivo: a perversão à recusa, o recalcamento à neurose e a rejeição à psicose. Porém, ele alerta para o risco de essa visão "desmaterializar" a perversão, esvaziando a importância de sua dimensão sintomática e das repercussões desses modos de funcionamento para a vida do sujeito. Ele lembra que essa leitura tende a priorizar um recorte da obra freudiana que privilegia o modelo mais tardio da perversão, encontrado no artigo sobre o fetichismo (1927/1980) e centrado na recusa, em detrimento das contribuições dos "Três ensaios para uma teoria da sexualidade" (1905/1980), que revelaram a dimensão pulsional e a função estruturante da perversão para a subjetividade.

Ferraz parece encontrar um menor risco de dicotomia na visão de Meltzer, que sustenta a "coincidência do fenômeno sintomatológico da perversão com sua manifestação transferencial", uma vez que o analista é um objeto entre outros da vida do paciente. Ele lembra, porém, que essa questão suscita controvérsias mesmo no campo kleiniano. Kernberg critica essa leitura de Meltzer (mas também as de Rosenfeld e de Bion), que "confunde perversão sexual com perversão de transferência". Ele ressalta a importância de uma discriminação mais fina do fenômeno transferencial, ao descrever o fenômeno da "perversidade da transferência", uma reação terapêutica negativa severa na qual o erotismo e o amor são recrutados a serviço da destruição.

Essa manifestação pode ocorrer, segundo ele, em pacientes que não apresentam nenhuma perversão sexual específica, mas apresentam distúrbios narcísicos de personalidade, por ele caracterizados como "síndrome do narcisismo maligno". Assim, a perversidade de transferência pode ser observada tanto em pacientes com formas severas de sadismo, masoquismo, pedofilia, coprofilia etc., como em pacientes psicopatas, em alguns neuróticos e também nas organizações *borderline*. Aparentemente próxima da perspectiva lacaniana, a leitura de Kernberg se distingue dela ao valorizar as manifestações sintomáticas e, sobretudo, a qualidade das relações objetais do paciente.

Confrontando todas essas visões, Ferraz conclui que o eixo sintomatológico considera um "sujeito que fala de seu sintoma em transferência", mas que permite ainda vislumbrar "um sujeito no mundo por detrás de sua sintomatologia". Esse eixo comporta o risco de o analista ficar "excessivamente preso à sintomatologia", abandonando o recorte clínico para cair numa visão psiquiátrica do sintoma, esvaziando a análise de sua "eficácia como método para o encontro da verdade peculiar ao sujeito", transformando-a em uma psicoterapia de apoio ou método adaptativo ou educativo.

Por outro lado, se o mérito do eixo transferencial consiste na manutenção da especificidade da perspectiva psicanalítica, protegendo-a das simplificações clínicas de moldagem consciente do ego, o risco desse eixo reside no perigo epistemológico que, no limite, conduz a psicanálise à perda de "contato com toda a psicopatologia possível". Ele alerta que, em última instância, a rigidez da perspectiva transferencial pode levar à recusa do sintoma do paciente, o qual, diante dessa limitação por parte do analista, pode se ver confrontado com enquadres e interpretações inócuos e mesmo nocivos.

Naturalmente, esses dilemas e paradoxos não são exclusivos da clínica da perversão. A partir de sua análise das dificuldades e dos desafios da perversão no processo psicanalítico, Ferraz convida a uma reflexão mais geral sobre a função do diagnóstico na análise, sugerindo que o diagnóstico psicanalítico não se restringe à identificação de uma entidade nosográfica, mas deve ser considerado "uma consideração dinâmica e relacional cuja função é constituir-se como operador clínico". "O diagnóstico transferencial refere-se mais à qualidade da relação objetal do que à fenomenologia sintomatológica do sujeito", diz o autor. Como sabemos, a importância dessa posição revela-se particularmente útil na clínica contemporânea, cada vez mais confrontada com uma multiplicidade de organizações subjetivas e psicopatológicas de manejo particularmente difícil e, às vezes, impossível no enquadre psicanalítico clássico.

Sugerindo uma visão da transferência mais ampla que a clássica visão de repetição de relações objetais, o autor ressalta que, associada à repetição, existe também na transferência "um *gesto* que aponta exatamente para o novo, num impulso à restauração por meio de uma compreensão *diferente* de si, que se pede ao analista e dele se espera obter". As dinâmicas perversas são um obstáculo tanto à escuta do novo pelo analista como ao próprio pedido do novo pelo paciente, uma vez que a posição desse último dificulta a disponibilidade do analista para o *holding*, condição necessária para a constituição do inédito.

Por meio da análise de Júlio, Ferraz nos convida a acompanhar a materialização da trama na qual se organizam e se manifestam as armadilhas da perversão de transferência. Em um recorte do caso, observamos passo a passo como o tom levemente depressivo, a angústia e o sentimento de inferioridade com relação ao analista, presentes no início da sessão e relacionados a suas vivências da sessão anterior, cedem, após um momento de silêncio, a uma mudança de tônus e à aceleração do discurso, que se intensifica e se transforma em ironia, arrogância intelectual, desprezo e esforço de cooptação do analista, tudo isso como reação a uma interpretação transferencial.

O relato da situação retrata claramente diferentes mecanismos da perversão de transferência: inicialmente, Júlio se apresenta numa condição supostamente submissa, sofredora, penalizada, mas, sutilmente, tece a trama de sedução, atraindo o analista para a armadilha na qual ele pode ser capturado e imobilizado. O analista é convidado à intimidade de uma troca, à revelação exclusiva ao paciente de um segredo de sua profissão, acumpliciando-se com ele na posse de um suposto segredo que promete um gozo imaginário, mas que, ao mesmo tempo, explicitaria a fragilidade do analista, rebaixando-o, diminuindo-o e o desautorizando.

Ferraz discute o caso evidenciando diferentes desdobramentos possíveis para as leituras segundo os eixos sintomatológico e transferencial. A sedução e o convite à intimidade são dispositivos característicos da transferência perversa que buscam capturar o analista numa relação dual para eliminar qualquer possibilidade de terceiridade, uma característica da estruturação antiedípica, também encontrada em pacientes *borderline*, como aponta Luís

Cláudio Figueiredo.[10] A tentativa de manutenção da dualidade ocorre, portanto, sob o signo da fantasia incestuosa, buscando eliminar o pai como terceiro, como representante da lei, tentando assim evitar o crivo da castração.

Ao se considerar acima de qualquer lei, ao desautorizar toda ordem que não emane de seu desejo, o perverso recusa qualquer indício que possa sugerir-lhe os limites de seu desígnio. Ao revelar a importância do mecanismo da recusa na perversão, Freud evidenciou essa que se constitui com uma das marcas positivas e registradas da perversão.

Esse mecanismo é analisado de forma particular no segundo capítulo do livro, no contexto da relação com a temporalidade, em particular sua recusa. Para isso, Ferraz relembra inicialmente a evolução do conceito de recusa em Freud, tomada a princípio com relação à castração e posteriormente relacionada à realidade.

Apoiando-se em um comentário de Laplanche e Pontalis, Ferraz sugere que o elemento sobre o qual incide a recusa é constituído pelas "condições primárias do pensamento, ligadas, de algum modo, às categorias básicas de espaço e tempo – as categorias *a priori* do conhecimento na filosofia kantiana". Por participarem da estruturação das experiências de ausência/presença, movimento, separação e processualidade, também essas experiências acabam sendo afetadas pelo mecanismo da recusa, como observamos nas adicções (recusa da falta), nos pacientes *borderline* (recusa da separação), bem como em algumas formas de transtornos corporais (recusa do corpo), delineando todo um campo de manifestações subjetivas que, para além da perversão, podem ser definidas como patologias da recusa.

---

10 Figueiredo, L. C. (2004). Os casos-limite: senso, teste e processamento de realidade. *Revista Brasileira de Psicanálise, 38*(3), 503-519.

O fio da onipotência perpassa todas essas manifestações da recusa, resultando em figuras que revelam a impossibilidade de reconhecer faltas, limites e falhas da existência ou de diferentes dimensões da própria experiência. Em outro recorte clínico, Ferraz mostra como, para seu paciente André, a recusa do tempo articulava-se intimamente à recusa de aspectos de sua vivência corporal, tornando impossível para ele admitir qualquer falha ou marca que pudesse evidenciar a passagem do tempo, o envelhecimento e, no limite, a morte.

Lembrando as evidentes semelhanças entre os modos de funcionamento de seu paciente e a clássica história de Dorian Gray, de Oscar Wilde, nosso autor discute a função de diferentes estratégias que visam burlar as implacáveis marcas do tempo que passa, como as constantes modelagens corporais, a constituição de fetiches, que substituem o verdadeiro pelo falso, e também a substituição frequente dos parceiros que envelhecem, estratégias bastante disseminadas e respaldadas na ideologia e nos comportamentos contemporâneos.

A partir das formulações de Lanteri-Laura,[11] Ferraz lembra que a recusa do tempo na perversão é mais que uma fixação nas fases pré-genitais do desenvolvimento libidinal, constituindo-se como um verdadeiro desprezo pela hierarquia dos estágios libidinais. Ao ignorar essa hierarquia, o sujeito tenta preservar, de forma onipotente, a crença de ser ele o mestre da temporalidade, regendo o ritmo da vivência e da passagem do tempo exclusivamente segundo a lei de seu próprio desejo, uma fantasia que busca, no limite, negar a realidade inexorável da morte. De forma semelhante, Janine Chasseguet-Smirgel[12] também chama a atenção para essa característica da atividade sexual perversa como "fora do tempo",

---

11 Lanteri-Laura, G. (1994). *Leitura das perversões*. Zahar.
12 Chasseguet-Smirgel, J. (1991). *Ética e estética da perversão*. Artes Médicas.

pela recusa do tempo de maturação e desenvolvimento biológico do organismo (nas fantasias e práticas pré-genitais e na pedofilia), e também pela recusa das diferenças geracionais (nos componentes incestuosos de muitas práticas perversas).

Ferraz ressalta que a perturbação da vivência do tempo, mesmo que evidente na perversão, transcende essa manifestação, sendo também encontrada, com articulações diferentes, nos quadros de autismo, em certos quadros de ansiedade, nas organizações *borderline*, em algumas manifestações neuróticas, bem como em algumas formações obsessivas e mesmo, em alguma medida, em uma certa organização e vivência da "normalidade" contemporânea. É possível observar, por exemplo, o pânico diante da processualidade, decorrente da necessidade de se sujeitar à inelutável passagem do tempo, uma manifestação frequente da "psicopatologia cotidiana". Nesse caso, não se trata propriamente de uma recusa do tempo, "mas de uma espécie de luta compulsiva contra ele. . . . O fracasso da recusa conduz a uma ansiedade desesperada que pode ter como último fulcro o terror da morte".

Assim, é possível considerar os diferentes modos de relação com o tempo como critérios diferenciais da organização subjetiva e das manifestações psicopatológicas em particular. Ferraz sugere que as perturbações da temporalidade na neurose caracterizam-se por uma luta contra o tempo, manifesta na formação de sintomas. Nos quadros *borderline*, essas perturbações se expressam por meio dos comportamentos de descarga e de *acting out*. Na perversão encontramos a recusa do tempo propriamente dita. No autismo, é a própria estruturação da realidade, e da temporalidade em particular, que se encontra comprometida, num processo mais próximo da rejeição do que da recusa, expressando-se por meio de falhas nos processos de integração da personalidade. Finalmente, na existência humana, a relação ao tempo encontra-se no âmago da experiência da angústia.

Buscando afinar o delineamento das tramas perversas, o terceiro capítulo do livro se dedica a uma elucidativa comparação da função do ato e dos comportamentos na perversão com as atuações e manifestações da neurose obsessiva e de outros quadros, em uma nova perspectiva da relação com a Lei e com os limites.

Para essa comparação, Ferraz se inspira nas hipóteses freudianas que relacionam a perversão a certas características de cultos gnósticos primitivos, marcados pela presença explícita do sexual e da agressividade, enquanto a neurose obsessiva poderia ser compreendida como um correlato patológico de uma espécie de religião particular em que os rituais, cerimoniais, crenças, proibições, culpas e expiações, carregados de significado simbólico, à semelhança daqueles da religião coletiva, correspondem a reações do sujeito diante de leis e prescrições.

Acompanhando as leituras de Rosolato e Chasseguet-Smirgel, Ferraz destaca que enquanto a neurose obsessiva pode ser compreendida como uma religião privada ritualizada, orientada para Deus, a perversão seria como uma "religião do diabo", uma manifestação da gnose – formas rituais primitivas, anteriores ao cristianismo, ligadas à natureza, ao corpo, à sexualidade e às livres expressões instintivas. Lembrando o mecanismo da recusa na perversão, a gnose apresentava uma contestação livre e permanente da Lei com vistas a alcançar o conhecimento e o acesso pleno à divindade e mesmo "roubar o lugar de Deus". Por sua vez, a religião tradicional ritualizada estruturou-se a partir de proibições de expressões e impulsos primitivos, com função semelhante à do recalcamento na neurose obsessiva.

É íntima a semelhança entre a crença dos gnósticos – a de serem escolhidos, especiais e detentores do segredo de acesso à divindade e à criação – e as fantasias dos perversos de serem os privilegiados detentores do segredo do desejo sexual e do gozo, ou ainda de serem autoengendrados subjetiva e sexualmente. Ferraz aponta que enquanto o perverso "julga conhecer o segredo do prazer sexual, o neurótico obsessivo duvida e deve se furtar ao contato e ao prazer".

Na clínica, as manifestações transferenciais dessas duas atitudes permitem distinguir entre essas duas organizações. Chegamos assim, por outro caminho, à compreensão do desafio e desdém perverso pelo saber do analista, considerando seu saber superior ao dele, e da reverência e devoção do neurótico obsessivo pelo suposto saber do analista, na esperança de um dia alcançá-lo, obtendo sua redenção.

Essas atitudes diante do *saber* manifestam-se também em formas distintas do *fazer*. Como aponta Rosolato, o fazer obsessivo se relaciona ao detalhe, ao respeito dos procedimentos da Lei, à obediência ritual, enquanto o fazer perverso é mais propício a questionamentos e reformas, inversões e revoluções que podem fazem progredir a cultura.

Traçando um paralelo com a tipologia desenvolvida por Freud em "Tipos libidinais" (1931) – o erótico, o obsessivo e o narcísico e suas diferentes combinações –, Ferraz pondera que o tipo obsessivo funciona segundo uma obediência ritual, resistindo a mudanças, enquanto o tipo narcísico, protótipo do sujeito da recusa, próximo ao perverso, pode sim, em princípio, promover mudanças e revoluções, mas pode também provocar a desorganização e a destruição pelo não reconhecimento da Lei e pela não consideração do outro e da própria instância superegoica. Evocando a filosofia moral de Bergson, ele sugere compreender a ética individual do obsessivo como próxima da moral estática, comum, cotidiana, conformista quanto às exigências sociais, enquanto a do tipo obsessivo-narcísico poderia se aproximar da moral dinâmica, inovadora, transcendente das obrigações, capaz de romper com as normas do grupo, subverter e trazer a mudança, porém respeitando algumas exigências do superego.

Esses elementos elucidam a natureza antissocial de muitos comportamentos perversos. Na relação do perverso com o mundo não é possível encontrar o gradiente intermediário, representado pelo componente obsessivo, marcado pela mediação superegoica. Nosso autor aponta que as mudanças que ele promove prescindem de valores e negligenciam necessidades coletivas, transformando-se em uma espécie de ideologia da "aceitação de qualquer coisa como moralmente válida", que se traduz "em uma ideologia do 'vale-tudo'", anulando os fundamentos éticos do sujeito, parte de sua personalidade. Como resultado da perda da capacidade de se indignar, de constituir uma dúvida moral, ficam solapadas as identidades subjetiva e cultural, soterradas sob a pressão cada vez maior em nossos dias de valores efêmeros, como fenômenos de moda e cultura de massa e primazia dos interesses econômicos.

O fio da transferência revela ainda uma outra característica diferencial entre o funcionamento perverso e o neurótico obsessivo. O primeiro busca, obstinadamente, manter ou promover a mistura, a indiferenciação, a fusão, o contato corporal ou com o objeto de desejo, em função do não reconhecimento da Lei e dos limites. Por sua vez, como fruto do recalcamento e da impossibilidade de percepção do desejo, o neurótico obsessivo desenvolve estratégias para manter distinções e impedir o contato, pelo comportamento, como na interdição e no tabu de tocar, e pelo pensamento, nas dinâmicas do isolamento que evitam o contato com (e entre) as ideias, contaminadas na fantasia pela sexualidade e pela agressividade.

Inspirado em Pierre Fédida, Ferraz lembra que a proibição de tocar faz parte do instituído civilizatório primordial. No desenvolvimento da espécie e também no do sujeito individual, o pensamento substitui parte da relação com o mundo inicialmente ocupada pela ação. O pensar denota a constituição de uma representação interna do mundo, a passagem do princípio de prazer (marcado pelo imperativo da ação para a satisfação imediata do desejo) para o princípio de realidade (que permite imaginar e adiar a satisfação do desejo). Na neurose obsessiva o pensamento pode se tornar um substituto completo da ação, limitando e, no limite, impedindo a ação e o contato com o mundo e com a realidade. Na perversão o ato resulta da precariedade dos processos de pensamento, instaurando o regime da impulsividade e da busca da descarga e da satisfação imediata.

É importante lembrar que, mesmo quando se manifesta em comportamentos (nos rituais, por exemplo), o ato obsessivo ainda é dominado pelo pensamento. Como sugere Otto Fenichel,[13] as dinâmicas obsessivas se caracterizam pela compulsão e as perversas, pela impulsão. Na compulsão, o neurótico obsessivo sente-se compelido a fazer uma coisa que não gosta de fazer, enquanto o perverso sente-se obrigado a gostar de uma coisa mesmo contra sua vontade. O ato obsessivo comporta uma dimensão sintomática, simbólica, de formação de compromisso entre instâncias psíquicas que evidenciam o desprazer. O ato perverso é fruto da precariedade da organização dessas instâncias, constituindo-se quase como um impulso de descarga imediata com vistas à obtenção do prazer, sem formação sintomática e carente de dimensão simbólica.

Aproximando-se da conclusão, Ferraz nos alerta ainda para mais uma emboscada. Aparentemente, o ato perverso busca o prazer imediato, permanente e a qualquer custo do perverso, enquanto o sintoma neurótico seria caracterizado pelo desprazer. Ele lembra, porém, que na neurose obsessiva o gozo é experimentado nas próprias organização e manutenção da defesa sexualizada e

---

13 Fenichel, O. (1981). *Teoria psicanalítica das neuroses*. Atheneu.

dos sintomas enquanto satisfações substitutivas. Assim, enquanto o perverso desafia e transgride aberta e declaradamente os limites e as regras, a desobediência e o desafio obsessivos insinuam-se ardilosa e silenciosamente sob o manto do sintoma, constituindo-se como uma verdadeira armadilha para o clínico.

Mais um enigma que nos espreita. Seguramente, não o último.

Série Psicanálise Contemporânea

Adoecimentos psíquicos e estratégias de cura: matrizes e modelos em psicanálise, de Luís Claudio Figueiredo e Nelson Ernesto Coelho Junior

O brincar na clínica psicanalítica de crianças com autismo, de Talita Arruda Tavares

Budapeste, Viena e Wiesbaden: o percurso do pensamento clínico-teórico de Sándor Ferenczi, de Gustavo Dean-Gomes

Clínica da excitação: psicossomática e traumatismo, de Diana Tabacof

Chuva n'alma: a função vitalizadora do analista, de Fátima Flórido Cesar, Marina F. R. Ribeiro e Luís Claudio Figueiredo

Da excitação à pulsão, com organização de Cândida Sé Holovko e Eliana Rache

De Narciso a Sísifo: os sintomas compulsivos hoje, de Julio Verztman, Regina Herzog e Teresa Pinheiro

Do pensamento clínico ao paradigma contemporâneo: diálogos, de André Green e Fernando Urribarri

Do povo do nevoeiro: psicanálise dos casos difíceis, de Fátima Flórido Cesar

Em carne viva: abuso sexual de crianças e adolescentes, de Susana Toporosi

Escola, espaço de subjetivação: de Freud a Morin, de Esméria Rovai e Alcimar Lima

Expressão e linguagem: aspectos da teoria freudiana, de Janaina Namba

Fernando Pessoa e Freud: diálogos inquietantes, de Nelson da Silva Junior

Figuras do extremo, de Marta Rezende Cardoso, Mônica Kother Macedo e Silvia AbuJamra Zornig

O grão de areia no centro da pérola: sobre neuroses atuais, de Paulo Ritter e Flávio Ferraz

Heranças invisíveis do abandono afetivo: um estudo psicanalítico sobre as dimensões da experiência traumática, de Daniel Schor

Histórias recobridoras: quando o vivido não se transforma em experiência, de Tatiana Inglez-Mazzarella

Identificação: imanência de um conceito, de Ignácio A. Paim Filho e Raquel Moreno Garcia

A indisponibilidade sexual da mulher como queixa conjugal: a psicanálise de casal, o sexual e o intersubjetivo, de Sonia Thorstensen

Interculturalidade e vínculos familiares, de Lisette Weissmann

Janelas da psicanálise: transmissão, clínica, paternidade, mitos, arte, de Fernando Rocha

O lugar do gênero na psicanálise: metapsicologia, identidade, novas formas de subjetivação, de Felippe Lattanzio

Os lugares da psicanálise na clínica e na cultura, de Wilson Franco

Luto e trauma: testemunhar a perda, sonhar a morte, de Luciano Bregalanti

Matrizes da elaboração psíquica no pensamento psicanalítico: entre Freud e Ferenczi, de Thiago da Silva Abrantes

Metapsicologia dos limites, de Camila Junqueira

Os muitos nomes de Silvana: contribuições clínico-políticas da psicanálise sobre mulheres negras, de Ana Paula Musatti-Braga

Nem sapo, nem princesa: terror e fascínio pelo feminino, de Cassandra Pereira França

Neurose e não neurose, 2. ed., de Marion Minerbo

A perlaboração da contratransferência: a alucinação do psicanalista como recurso das construções em análise, de Lizana Dallazen

Psicanálise de casal e família: uma introdução, com organização de Rosely Pennacchi e Sonia Thorstensen

Psicanálise e ciência: um debate necessário, de Paulo Beer

Psicossomática e teoria do corpo, de Christophe Dejours

Psicopatologia psicanalítica e subjetividade contemporânea, de Mario Pablo Fuks

Razão onírica, razão lúdica: perspectivas do brincar em Freud, Klein e Winnicott, de Marília Velano

Relações de objeto, de Decio Gurfinkel

Ressonâncias da clínica e da cultura: ensaios psicanalíticos, de Silvia Leonor Alonso

Sabina Spielrein: uma pioneira da psicanálise – Obras Completas, volume 1, 2. ed., com organização, textos e notas de Renata Udler Cromberg

Sabina Spielrein: uma pioneira da psicanálise – Obras Completas, volume 2, com organização, textos e notas de Renata Udler Cromberg

O ser sexual e seus outros: gênero, autorização e nomeação em Lacan, de Pedro Ambra

Tempo e ato na perversão: ensaios psicanalíticos I, 3. ed., de Flávio Ferraz

O tempo e os medos: a parábola das estátuas pensantes, de Maria Silvia de Mesquita Bolguese

Tempos de encontro: escrita, escuta, psicanálise, de Rubens M. Volich

Transferência e contratransferência, 2. ed., de Marion Minerbo

GRÁFICA PAYM
Tel. [11] 4392-3344
paym@graficapaym.com.br